Im Herzen Oberbayerns
Das Miesbacher Land

»Unser Landkreis Miesbach:
Gesicherter Lebensmittelpunkt
für Jung und Alt,
auf Tradition gebaut,
für die Zukunft offen,
freundlich, liebenswert
und gastlich«

So lautet das Leitziel,
das der Landrat Norbert Kerkel und die 17 Bürgermeister
der Städte, Märkte und Gemeinden des Landkreises Miesbach
gemeinsam im Jahre 1997 erarbeitet
und verabschiedet haben.

R. Peter Bachhuber
Norbert Kerkel

Im Herzen Oberbayerns
Das Miesbacher Land

Oreos Verlag

Von diesem Buch
ist eine zweisprachige Ausgabe englisch/italienisch erschienen
mit der ISBN 3-923657-60-9

Die Deutsche Bibliothek - CIP-Einheitsaufnahme

Im Herzen Oberbayerns : das Miesbacher Land / R. Peter Bachhuber ;
Norbert Kerkel. - Waakirchen-Schaftlach : Oreos-Verl., 2000
Engl.-ital. Ausg. u.d.T.: In the heart of Upper Bavaria
ISBN 3-923657-59-5

Redaktion: Judith Rüber
Umschlaggestaltung: Susanne Rüber
Gesamtherstellung:
OREOS Verlag GmbH., 83666 Waakirchen-Schaftlach
Printed in Germany
ISBN 3-923657-59-5

Inhalt

Die Autoren und der Verlag
bedanken sich für hilfreiche Mitarbeit und Beratung bei
Gerda Bachhuber, Manfred Bartl, Ruth Lachenmann, Ilse Lindinger, Sepp Nürnberger,
Judith Rüber, Walter Schäfer, Ursula Schwarz und Silverio Zanotto

Besonderer Dank gilt der Kreissparkasse Miesbach-Tegernsee,
die durch ihre Unterstützung maßgeblich zur Entstehung dieses Buches
beigetragen hat.

Für ergänzendes Bildmaterial bedanken wir uns bei:
Gemeinde Hausham 134 (2), 135 (alle Dagmar Käpernick)
Gemeinde Kreuth 142, 143, 144 (alle Ludwig Hörth)
Gemeinde Otterfing 149, 150, 151 o., 151 u.l. (alle Heinz Hirz)
Gemeinde Valley 164 (Katharina Saalmann)
Gemeinde Waakirchen 165 (Max Rinner), 166, 167 (beide Foto Huber),
Jan Kobel 8, 15, 17 l., 18, 19, 22, 147, 148, 163 · Kuramt Bad Wiessee 123, 124, 125 (2)
Kuramt Bayrischzell 126, 128 (2) · Kuramt Tegernsee 159 (Stuttgarter Luftbild Elser GmbH.,
freig. d. Reg. Präs. Stuttgart, Liz. Nr. 9/72168), 160, 161 u., 161 o. (Ralf Blechschmidt)
Orgelmuseum Valley 162 · Martin Schmalstich 13, 14, 17 r., 20, 137, 138, 139, 169
Sport Scheck 151 u. r. · Tourismusbüro Fischbachau 129, 130 (Foto Silbernagl)

Ein reiches Erbe pflegen

Norbert Kerkel

Seit mehr als tausend Jahren wird das Miesbacher Land geprägt durch Offenheit und Bodenständigkeit seiner Bewohner. Orte wie Bayrischzell, Schliersee, Valley, Irschenberg, Miesbach, Holzkirchen oder Tegernsee waren schon früh an wichtigen Durchgangswegen gelegen. Die Bewohner unserer Region konnten dadurch am Leben der Nachbarländer teilnehmen und von ihnen lernen. Eine gesegnete Natur ermöglichte eine frühe und erfolgreiche Urbarmachung und sicherte einen bescheidenen Wohlstand. So entwickelten sich die Oberländer zu Menschen mit großem Selbstbewußtsein. Dieses Selbstbewußtsein war die Basis, ein Kulturerbe zu schaffen und zu erhalten.

Wesentlich für diese Entwicklung war die Gründung des Benediktinerklosters Tegernsee Mitte des 8. Jahrhunderts. Ihm verdankt der Landkreis eine früh schriftlich niedergelegte Geschichtsschreibung und Quellen in reichem Umfang. Das große und weitreichende Verdienst der Benediktiner war, dass sie dieses Kloster zu einem Bildungszentrum ersten Ranges ausbauten. Das Kloster unterhielt Elementarschulen in Tegernsee, Egern, Gmund, Kreuth, Holzkirchen und Waakirchen und nahm auch Kinder aus dem Bereich des Augustiner-Chorherrenstifts Weyarn auf. Die Ausbildung war kostenlos, und die Brüder kamen für die Versorgung der Zöglinge auf, so dass der Schulbesuch unabhängig vom Wohlstand der Familien allen Kindern ermöglicht wurde. Im »Seminarium«, das in etwa dem heutigen Schultyp des Gymnasiums entsprach, wurden die Schüler zur Hochschulreife geführt. Lebendig ist diese Tradition heute noch im Gymnasium Tegernsee, aber auch im Miesbacher Gymnasium.

Doch es ist nicht allein die Pflege der geistigen Werte, deren Tradition auf die frommen Benediktinermönche zurückgeht. Leiblichen Genüssen waren sie nicht weniger zugetan, sie liebten das Bier, und so zählten sie zu den ersten Braumeistern Bayerns.Vom Tegernsee breitete sich denn auch die Kunst des Bierbrauens aus. Dieser Wirtschaftszweig nimmt auch heute noch eine wichtige Rolle im Landkreis ein und macht sich durch seine Qualität und Spezialisierung in der immer härter werdenden deutschen und europäischen Konkurrenz erfolgreich einen Namen. In Tegernsee, Miesbach, Hausham und Holzkirchen sind traditionsreiche Brauereien ansässig. Unübersehbar ist das Bierzelt Herz jedes Feuerwehr-, Schützen- und Trachtenfestes und der zahlreichen Märkte. Ja, zu feiern wussten sie schon immer, die Oberländer.

Bürgernaher Service und zukunftsorientierte Verwaltung: Landratsamt Miesbach

Der Weg ins 21. Jahrhundert – Leitbild und Agenda 21

Zu Beginn des 21. Jahrhunderts sind die Herausforderungen groß, die heimatliche Natur – Grundlage für das Wohlbefinden unserer Bürger, Grundlage der Landwirtschaft und des Tourismus – mit dem stetigen Wachstum einer erfolgreichen Industrie und eines blühenden Handwerks in Einklang zu bringen. Unsere Aufgabe besteht darin, nachhaltig für deren Fortbestand zu sorgen.

Aus dieser Erkenntnis heraus, die für alle Länder der Welt Gültigkeit hat, haben im Juni 1992 auf der Konferenz der Vereinten Nationen für Umwelt und Entwicklung (UNCED) in Rio de Janeiro 178 Staaten auf den dringenden Handlungsbedarf zu Rettung der Erde hingewiesen und grundlegende Vereinbarungen zur Förderung einer nachhaltigen Entwicklung getroffen. So entstand die »Agenda 21«, das Aktionsprogramm für den Übergang ins 21. Jahrhundert. Diese »Rio-Agenda 21« wird in Bayern mit einer eigenen »Bayern-Agenda 21« umgesetzt, die 1997 im Ministerrat beschlossen wurde und in Form von Leitbildern und Grundsätzen die Rahmenbedingungen und Instrumente einer Politik für nachhaltige Entwicklung vorgibt. Nun ist es die Aufgabe der Landkreise und Kommunen, in selbst erarbeiteten »Leitbildern« die umweltpolitischen Forderungen der Agenda 21 in dem Bereich, in dem sie Verantwortung tragen, zu verwirklichen.

Unser Leitbild, – »auf Tradition gebaut, für die Zukunft offen« – und die hiermit angestrebten Ziele, müssen von jedem Einzelnen mitgetragen und umgesetzt werden. Nur so können wir unseren Nachkommen unsere Heimat als dieses Idyll, als das unser Landkreis in vieler Hinsicht gelten darf, weitergeben. Diese sogenannte »heile Welt« ist uns nicht geschenkt, sie muss täglich neu erobert, bewahrt und mit Leben erfüllt werden.

In fast all unseren Gemeinden und auf Landkreisebene haben sich Arbeitskreise zu unserem Leitbild und der Agenda 21 gebildet, die sich kompetent und mit all ihrer Erfahrung den Fragen ihres unmittelbaren Lebensraumes angenommen haben. Die Bandbreite ist groß und spannend: von Natur- und Umweltschutz über Verkehrs- und Ortsentwicklung, von Themen zu Jugend, Kultur und sozialen Problemen über Klimaschutz und den Umgang mit Energie bis hin zur bäuerlichen Direktvermarktung. Viele dieser Arbeitskreise haben bereits konkrete Ergebnisse vorgelegt. In Form von Aktionsprogrammen, Broschüren oder Büchern sind zahlreiche bemerkenswerte Einzel- und Gemeinschaftslösungen entstanden. Schliersee beispielsweise ist Mitglied des Gemeindenetzwerks »Allianz in den Alpen«, dessen Aktivitäten weit über reine Tourismus- oder Umweltfragen hinausgehen (im Internet unter www.alpenallianz.org). Die größte Aufmerksamkeit kann wohl die Gemeinde Weyarn genießen, deren beispielhafte Dorferneuerung auf der Expo 2000 präsentiert wird.

Die Tegernseer Erklärung – Fortschritt im Einvernehmen mit den Nachbarn

Der Erfolg unseres Leitbildes und die Umsetzung der Agenda 21 hängen jedoch nicht allein von uns ab. Wichtig ist auch die Einbindung unserer Nachbarn, mit denen wir im kulturellen und wirtschaftlichen Bereich traditionell verbunden sind und deren Interessen heute in Europa mit den unseren weitgehend übereinstimmen. In den Jahren 1998/99 konnte eine gemeinsame Erklärung der Landkreise Bad Tölz und Miesbach mit der Bezirkshauptmannschaft Schwaz in Tirol ausgearbeitet und verabschiedet werden, die im einzelnen folgende Punkte umfaßt:

Im Bereich Tourismus kooperieren die Dachverbände, tauschen Informationen über touristische und kulturelle Veranstaltungen aus und erkennen gegenseitig ihre Gästekarten an. Sie legen zusätzlich eine Einheimischenkarte auf, um ihren Bürgern die gleichen Vergünstigungen zu gewähren, die den Urlaubsgästen geboten werden. Weiterhin sollen die Radwege Tegernsee-Achensee-Tölzerland zusammengeschlossen werden. Die Partner legen Wert auf Kundenorientierung im Bereich Tourismus, Handel und Gewerbe.

Zentral ist die Kooperation in der Landschaftspflege, die in enger Zusammenarbeit zwischen Landwirtschaft und Naturschutz erfolgen soll. Durch den Erhalt und die Verbesserung der extensiv genutzten bäuerlichen Kulturlandschaft und vielfältiger Biotope wird der natürliche Lebensraum von Tieren und Pflanzen geschützt. Das schließt die Schaffung eines grenzüberschreitenden Biotopverbundsystems ein. Weiterhin werden die Nutzung regenerativer Energien und eine rationelle Energieverwendung gefördert. Die Partner verstärken ihre Maßnahmen zum Umweltschutz und setzen verstärkt auf Abfallvermeidung.

Die Landwirtschaft soll gestärkt werden durch gemeinsame Messeaktivitäten, übergreifende Vermarktungsinitiativen und Koordination der Maschinenringe.

Für wesentlich halten alle drei Partner die Zusammenarbeit im Bildungsbereich, eine gemeinsame Bildungsoffensive. Dazu gehören gemeinsame kulturelle Veranstaltungen ebenso wie die Initiativen »Lernende Region« oder »Gesundheitsurlaub auf dem Bauernhof und im Alpenland«. Auch eine gemeinsame Verkehrsplanung ist Inhalt der Vereinbarung. Hier gibt es viele Überschneidungen der jeweiligen Interessen, die es zu koordinieren gilt.

Um die Erklärung mit Leben zu füllen, wurden eigene Steuerungsgruppen eingerichtet. Der Tiroler Bezirkshauptmann und die bayerischen Landräte treffen sich zweimal jährlich zur Abklärung grundsätzlicher Fragen. So gedeiht die nachbarschaftliche Zusammenarbeit.

Dem Wunsch, besonders der Jugend im zusammenwachsenden Europa Lebensweise, Kultur und Traditionen anderer Nationen zu vermitteln, verdankt sich unsere Partnerschaft mit Tewkesbury in England. Regelmäßig finden gegenseitige Besuche statt, und dieser rege Austausch hilft, unsere europäischen Partner besser zu verstehen, und fördert den Frieden.

Das Miesbacher Land – eine der schönsten Regionen Bayerns

Der Fremdenverkehr ist der wichtigste Wirtschaftsfaktor unserer Region: jedes Jahr darf das Miesbacher Land mehr als eine halbe Million Gäste begrüßen. Sie empfängt eine der schönsten Voralpen- und Alpenregionen. Berge, Wälder, Seen, Wiesen und prächtige Höfe laden zu Sport und Erholung ein. Bezaubernde Orte, mit vielfältiger Infrastruktur und reichhaltigem Kulturprogramm, heißen die Gäste willkommen. Der Gesundheit zugute kommt vielfach das heilende Klima und heilende Quellen – so werden in unseren Luft- und Badekurorten Kuren und Wellnessurlaub angeboten. Jede Gemeinde im Landkreis ist im Sommer ein Rad- und Wanderparadies und im Winter ein Loipendorado. Davon profitieren nicht nur die Weithergereisten, auch für die Münchner ist unsere Gegend ein traumhaftes und beliebtes Naherholungsgebiet. Zum Einkehren laden gemütliche Wirtshäuser ein, zahlreiche Biergärten versprechen Erfrischung an warmen Sommertagen und -abenden. Für erholsamen Schlaf sorgen Unterkünfte aller Kategorien – in luxuriösen Himmelbetten oder in kuscheligen rot-weiß-karierten Bauernbetten. Jeder hat die Wahl zwischen dem mondänen oder bayrischen »Nachtleben« und ruhigen Unterkünften, wo sich Fuchs und Hase »Gute Nacht« sagen. Der Tegernsee, der Schliersee, der Spitzingsee, der Seehamer See aber auch der kleine Hackensee und manch andere Weiher laden ein zum Baden und Rudern. Auf den großen Seen gibt es auch Möglichkeiten zum Segeln und Surfen. Die Berge verlocken zum Wandern, Bergsteigen und Klettern. Der Wendelstein, der Wallberg und das Rotwandgebiet um den Taubenstein sind auch per Bergbahn zu erreichen. Wendelstein, Sudelfeld, Spitzing, Sutten, Wallberg sind abwechslungsreiche und beliebte Skigebiete. Hallen- und Freibäder, Eisstadien, Eisstockbahnen, Schießstände, Tennisplätze, Minigolfanlagen und Kegelbahnen runden das Angebot ab.

Es sind jedoch die Offenheit und Freundlichkeit der Menschen, die einen Urlaub im Herzen Oberbayerns, im Miesbacher Land, zu einem glücklichen Erlebnis werden lassen – und immer wiederkehrende Urlauber sind die größte Anerkennung für Gastgeber, die das Wohl ihrer Gäste an erste Stelle setzen, und auch für Fremdenverkehrsämter und -verbände, die von Saison zu Saison daran arbeiten, die Angebote ihrer Gemeinden noch attraktiver zu machen.

Leben in intakter Natur

Eine intakte Natur ist das größte Kapital unseres Landkreises. Unsere ganze Anstrengung gilt dem Naturschutz, zum Teil »made in Miesbach«, zum Teil eingebunden in enge Kooperation mit den Nachbarn, zum Teil im Rahmen EU-weiter Maßnahmen. Wie es in Fragen des Umweltschutzes allgemein Praxis ist, haben wir es auch hier mit einem ganzen Bündel von Maßnahmen zu tun, das wir schnüren und ständig neu packen müssen, um Flora und Fauna in ihrer Vielfalt zu erhalten oder ihnen den notwendigen Lebensraum wieder zurückzugeben.

Wir haben verschiedene Landschaftsschutzgebiete geschaffen, etwa im Bereich der Rotwand. Wir erhalten unsere Haglandschaften, zum Beispiel im Gemeindebereich Warngau, rund um Wall. Diese von Hecken umsäumte, seltene und doch so funktionelle Kulturlandschaft bietet den verschiedensten bedrohten und weniger bedrohten Insekten, Vögeln und Kleintieren eine optimale Lebensgrundlage. Wir schützen Moore, pflegen Streuwiesen, realisieren ein Uferschutzprogramm entlang der Bäche und haben eine Schutzverordnung für den Tegernsee geschaffen. Hier muss Aufklären, Appellieren und Überzeugen, die Stimme der Vernunft Vorrang vor Reglements und Verboten haben. Wir wollen Wanderer, Bergsteiger, Mountainbiker, Drachenflieger, Reiter und Skifahrer gewiss nicht in ihrer Freiheit einschränken. Wir versuchen vielmehr, durch gemeinsame Rücksichtnahme den Reichtum unserer Natur zu erhalten.

Naturschutz muss einvernehmlich mit den Grundbesitzern, Landwirten und Almbauern geregelt werden. Aktiver Umweltschutz stellt manche Gewohnheit in Frage, auch hier haben Lernprozesse eingesetzt.

Lebensraum vielfältiger Flora und Fauna: Die Leitzach

In einer so stark bäuerlich genutzten Region wie dem Miesbacher Land kommt den Landwirten natürlich eine besondere Aufgabe in der Landschaftspflege zu. Sowohl die bereits geschilderten regionalen Projekte als auch die europäische Richtlinie »Flora Fauna Habitat« (FFH) erfordern allerdings eine detaillierte Abstimmung zwischen Naturschutz und landwirtschaftlicher Nutzung. Naturschutz muss ja keineswegs den landwirtschaftlichen Interessen widersprechen.

Die Umstellung der Landwirtschaft auf naturnahen Landbau, der Verzicht auf Kunstdünger, Gülle und Pestizide, kann, wie das Beispiel im Wasserschutzgebiet Mangfall, dem Wasserreservat der Stadt München, zeigt, ökologisch notwendig und ökonomisch sinnvoll sein. Die hier in freundlicher Umwelt produzierte Biomilch wird von einer in Andechs im Landkreis Starnberg ansässigen Molkerei abgeholt. Dieses erfolgreiche Unternehmen sucht in wachsendem Umfang Milch aus kontrolliert biologischer Wirtschaftsweise. Hier an der Mangfall hat es zuverlässige und motivierte Partner gefunden.

Ein permanenter Interessenkonflikt besteht zwischen Umwelt und Natur auf der einen Seite und einer gewünschten und sicher oft auch notwendigen Infrastruktur auf der anderen Seite. Unser Augenmerk ist darauf gerichtet, dass von den Handwerksunternehmen über das Gastgewerbe bis hin zu den Industriebetrieben umweltfreundlich gearbeitet wird. Bei der Ansiedlung von Unternehmen wird auf sparsamen Umgang mit Landverbrauch im Außenbereich geachtet. Hier müssen strenge Maßstäbe an die Umweltverträglichkeit gelegt und deren Einhaltung muss ständig überprüft werden. Ähnliches gilt für den Straßenbau und den öffentlichen Verkehr.

Eine besondere Aufgabe fällt der Abfallwirtschaft zu: Abfallvermeidung, Mülltrennung und Recycling sind die Säulen modernen Abfallmanagements. Der Landkreis Miesbach hat sich dafür entschieden, die operativen Aufgaben der Entsorgung einem privatrechtlich handelnden kommunalen Eigenunternehmen, der Firma VIVO in Warngau, zu überantworten. Dieser Weg belebt den Wettbewerb und hilft so Kosten senken.

Bäuerliche Kulturlandschaft

Über Generationen hinweg waren es die Bauern, die unsere Kulturlandschaft geschaffen, geprägt und gepflegt haben. Sie haben heimische Sitten und ursprüngliches, echtes Brauchtum weitergetragen. Die Agrarpolitik der letzten Jahrzehnte hat allerdings leider dazu geführt, dass immer mehr bäuerliche Familienbetriebe verschwunden sind. Jede Hofaufgabe ist ein großer Verlust, ist wie ein bißchen Sterben.

Doch gleichzeitig ist zu sehen, dass der Bauernstand sich einfallsreich behauptet. Die Aufgabe der Politik ist es, einen Ausgleich zwischen den Interessen der EU und denen unserer Heimat und unserer Landwirte zu finden und ihren Überlebenskampf zu unterstützen.

Die Erfolge in diesem Kampf sind vielfältig und kommen der Eigenheit unserer Region zu Gute. Höhepunkte der Viehzucht sind die Ross- und Viehmärkte in Miesbach, jedesmal ein lebhaft-bunter Auftrieb, bei dem fröhliche Geselligkeit eine fast ebenso wichtige Rolle spielt wie der Handel. Von Bedeutung ist nicht nur die Rinderzucht, sondern zunehmend auch wieder die Pferdezucht. Zahlreiche Betriebe im Landkreis haben inzwischen ihr Auskommen über die Pferdehaltung; Zuchtbetriebe, Reiterhöfe, hippotherapeutische Einrichtungen und Pferdepensionen sind entstanden. Häufig sind den Reiterhöfen eine Gastronomie und Unterkunftsmöglichkeit angeschlossen.

Doch noch immer prägt die Milchwirtschaft das Landschaftsbild. Im Sommer lebt das Miesbacher Fleckvieh größtenteils auf der Weide und liefert so besonders hochwertige Milch. Mittlere und kleinere Viehbestände überwiegen. Auch Borstenvieh und allerlei Federvieh, etwa Daunengänse bei Niederaltenburg, werden gehalten, und auch die eine oder andere Schafherde lässt sich finden.

Die Bewirtschaftung der Almen ist ein wichtiger Faktor für den Erhalt unserer Kulturlandschaft. Für die Bauern birgt diese für den Außenstehenden idyllisch anmutende, in Wirklichkeit aber mit sehr harter Arbeit verbundene Wirtschaftsform häufig ökonomische und personelle Probleme, die wir gemeinsam lösen müssen.

Alternative zur Milchwirtschaft: Pferdehaltung in Thann

Wichtig ist die Fischzucht. In Bad Wiessee unterhält der Freistaat Bayern eine Forschungszucht. Auch diese dient dem Naturschutz, so wird unter anderem mit der Wiederansiedlung abgewanderter Fischarten experimentiert. Das saubere und klare Gebirgswasser unserer Bäche ist eine gute Voraussetzung für einen kommerziellen Zuchterfolg. So kann man im Landkreis einer ganzen Reihe größerer oder kleinerer Zuchtbecken begegnen.

Das Oberland ist waldreich, und seit Jahrhunderten ist die Forstwirtschaft von großer Bedeutung. Die Verarbeitung von heimischem Holz im Bau- und Schreinerhandwerk ist ebenso selbstverständlich, wie die Tradition der Nachhaltigkeit in diesem landwirtschaftlichen Zweig. Der Bergwald schützt vor Erosion, sichert den darunterliegenden Lebensraum und wird mit besonderer Sorgfalt aufgeforstet. Die Jagd dient dem Schutz des Waldes, aber nicht zuletzt auch der heimischen Gastronomie, die zur Jagdzeit die beliebten bayrischen Wildschmankerln anbieten kann.

Wandel durch Fraueninitiative

In der Landwirtschaft gingen viele Impulse schon immer von den Frauen aus. Wie die meisten ihrer Männer haben viele von ihnen ihren Beruf und ihr Wissen in land- und almwirtschaftlichen Fachschulen erworben. So können sie ihren Betrieben neue Perspektiven eröffnen und der kommenden Generation den Bestand der Höfe sichern.

Einen wichtigen Beitrag zur Fraueninitiative leistete bereits zu Beginn des letzten Jahrhunderts die »Frauenschule Miesbach«, das heutige »Berufsbildungszentrum für Hauswirtschaft und Sozialwesen«. Unter seinem Dach vereinen sich die Berufsfachschule für Kinderpflege, die Berufsfachschule für Hauswirtschaft, die Fachakademie für Hauswirtschaft und die Berufsoberschule für Sozialwesen. Auch in den verschiedenen Arbeitskreisen der Agenda 21 gestalten die Frauen ihr Leben und ihren Lebensraum. So setzen sie manchen Richtungswechsel auf »ihrem« Hof durch.

Zeitenwende in der Landwirtschaft

»Miesbacher Oberland – Qualität direkt vom Bauern«

Hierzu gehören Aktivitäten wie die des Direktvermarktungsvereins »Miesbacher Oberland – Qualität direkt vom Bauern«. Über zwanzig Produzenten haben sich hier zusammengeschlossen, um ihre Produkte direkt ab Hof und auf den Wochenmärkten in Miesbach, Hausham, Schliersee, Dürnbach, Warngau und Holzkirchen anzubieten. Weiterhin gibt es verschiedene Einzelinitiativen der Direktvermarktung, sei es das Gut Wallenburg in Miesbach, sei es der Bauernladen mit eigener Schlachtung am Giglberg über Gmund.

Partner der Direktvermarkter sind aber auch Gastronomiebetriebe, die Wert darauf legen, ihren Gästen Nahrungsmittel anzubieten, die von der heimischen Landwirtschaft produziert wurden. Die Gäste erkennen Lokale, die Fleisch, Gemüse, Kartoffeln, Käse und sonstige landwirtschaftliche Produkte von Höfen der Region anbieten, am Logo »Miesbacher-Oberland«. Kompetentes Marketing aus eigener Hand bringt hier den Erfolg.

Urlaub auf dem Bauernhof

Die Schönheit der Natur und der gut hundertjährige Fremdenverkehr haben den »Urlaub auf dem Bauernhof« sommers wie winters zu einer festen Einkommensgröße vieler Höfe werden lassen. Vermietet werden Zimmer und Ferienwohnungen – Frühstück, Familienanschluss und Streichelzoo inklusive. Die Anhänger dieser Urlaubsform schätzen jedoch nicht nur die familienfreundlichen Preise, sondern vor allem die Ursprünglichkeit des Hoflebens, an dem sie häufig auch aktiv teilnehmen können, und die Nähe zu Land und Leuten.

Landschafts- und Kulturführungen – Erleben, Erfahren, Entdecken, Genießen

Unter dem Logo »Luki« – Landschaft, Umwelt, Kultur, Information – ist ein besonderes Angebot für die Gäste des Miesbacher Landes entstanden. Als Landschafts- und KulturführerInnen werden Wildbiologen, Kunsthistoriker, Maler, Vogel- und Sternenkenner, Bergfexe, Kräuterfrauen, Burgenspezialisten, Biobäuerinnen und Sennerinnen ausgebildet. Sie bieten Spaziergänge, Wanderungen, Berg- und Fahrradtouren an, kreuz und quer durch die Region. Hier eine Kostprobe der Themen: »Wallfahrt, Viehzucht und Haberfeldtreiben – Stadtführung durch Miesbach«

»Auf den Spuren des wilden Ritters von Schliers – historische Wanderung zum Leben im Mittelalter«; »Brotzeit und Butterbrot – von der Milch zum Käse«; »Blau – Meditation über eine Sommerfarbe«; »Major Tom – Sternen- und Planetenwanderung«; »Das kleine Kufen 1 x 1 – Rodelkurs auf der Naturbahn«; »Zu Fuß nach Afrika – eine Wanderung zu den Korallenriffen des Tegernseer Tals«. Innovativ und professionell entwickelt, sind hier originelle Freizeitangebote entstanden, die keine künstlichen Urlaubswelten schaffen, sondern gewachsene Strukturen erleben lassen.

Gewitztes Nahverkehrskonzept : AST, Anrufsammeltaxi

Bahn, Bus und Anrufsammeltaxi

Mobilität ist eine der wichtigsten Voraussetzungen für die moderne Gesellschaft. Die Anforderungen an den Landkreis sind vielfältig und in Zeiten gekürzter Mittel nicht immer einfach zu lösen. Die Privatisierung der Bayerischen Oberland-Bahn (BOB), vom Verkehrsknotenpunkt Holzkirchen in drei Strängen nach Lenggries, Tegernsee und Bayrischzell, sichert gute Verbindungen im Landkreis und nach München im Stundentakt und ist wichtig für den Tourismus. Die Umstellung war vor allem in technischer Hinsicht, aber auch organisatorisch, von allerlei Pannen begleitet. Auf längere Perspektive gesehen ist hier jedoch eine zukunftsweisende und richtige Entscheidung gefallen, denn die Bahn ist ein ökologisch und ökonomisch zeitgemäßes Verkehrsmittel. Innovation sichert ihren Bestand auch für die kommenden Jahrzehnte.

Ein gewitztes und erfolgreiches Konzept ist das Anrufsammeltaxi AST. Früh hat sich im Landkreis die Erkenntnis durchgesetzt, dass es billiger und komfortabler ist, gezielt ein Taxi an wenig frequentierte Ausgangs- und Zielorte zu schicken, als leere Busse durch die Gegend gondeln zu lassen. So ist der Kreis überzogen von einem dichten Netz von Abholpunkten, zu denen eine Dreiviertelstunde vorher unter Angabe des Ziels ein Taxi gerufen werden kann. Dieses bringt den Fahrgast dann zu einem festen, günstig kalkulierten Zonentarif vor die Tür seines Ziels, sei es zentral, sei es abgelegen, sei es in aller Herrgottsfrühe oder spät in der Nacht.

Wichtige Ortsverbindungen werden von Linienbussen des Regionalverkehrs Oberbayern (RVO) und privaten Busunternehmen befahren. Ein reizvolles Angebot für Feriengäste ist eine Wendelstein-Rundreise mit Bergbahn und Bus. Von Osterhofen bei Bayrischzell geht es hinauf mit der Gondelbahn, auf der anderen Seite mit der Zahnradbahn hinunter nach Brannenburg im Inntal und von

Eisstockschießen in Rottach-Egern

dort mit dem Bus wieder zurück nach Bayrischzell. Dieser an Naturschönheit reiche Kurs wird auch in umgekehrter Richtung angeboten. Eine touristische Attraktion, aber auch alltägliches Verkehrsmittel für die Einheimischen sind die Schiffe der Bayerischen Seen-Schiffahrt auf dem Tegernsee und der Firma Sepp Mayr auf dem Schliersee.

Sport und Spiel

Über 100 Vereine bieten jede erdenkliche Sportart für Jung und Alt in der Gemeinschaft an. Im Vordergrund steht der Spaß an der Bewegung und die Geselligkeit. Erfolgreich in fast allen Bereichen hat unser Breitensport aber auch internationale Asse hervorgebracht, wie den zweifachen Olympiasieger und Weltmeister im Alpin-Ski Markus Wasmaier aus Schliersee, das junge Fischbachauer Ski-As Max Rauffer oder Sonja Wiedemann aus Hausham, die Weltmeisterin im Rennrodeln. Auch als Austragungsort für nationale und internationale Wettkämpfe hat sich unsere Region einen Namen gemacht: Bad Wiessee für den Skiweltcup, der Tegernsee für Regatten, Schliersee und Spitzingsee für den Alpentriathlon im Rahmen des Europacups.

In einer so reichen und vielfältigen Natur findet der Sport natürlich nicht nur in modernen Hallen und Sportstätten statt, sondern auch auf Bergen und Seen, auf zahlreichen Tennis- oder Golfplätzen, Wanderwegen und Loipen. Drachenflieger und Gleitschirmsegler finden wohl kaum ähnlich traumhafte Möglichkeiten, etwa am Wallberg über dem Tegernsee. Doch welches auch der Lieblingssport sein mag: Jede Gemeinde bietet ein reiches und gut gepflegtes Betätigungsangebot für Gäste und Einheimische.

Handwerk, Industrie und Handel

Vielfältiges Handwerk in Gestalt kleinerer und mittelständischer Betriebe spielt seit jeher eine große Rolle im Oberland. Dazu gehören die holzverarbeitenden Zweige und der Bereich des Bauwesens ebenso wie unsere Bäcker und

Auch im Oberland geht (fast) nichts mehr ohne Computer

Tradition in waldreicher Region: Papierherstellung

Metzger, die hervorragende, schmackhafte Lebensmittel herstellen.

Die Industrie hat sich maßvoll und erfolgreich entwickelt, eine lange Tradition hat das bis in die Frühzeit des Tegernseer Klosters zurückreichende Brauwesen.

Die Papierherstellung hat in unserem Landkreis eine über hundertjährige Geschichte. Bis vor kurzem rauchten noch im Mangfalltal zwischen Wall und Miesbach die Kamine der Papiermühle »Müller am Baum«. Zwei Betriebe sind noch in Gmund ansässig: die »Büttenpapierfabrik Gmund« produziert hochwertige Ausstattungspapiere in allen Farben, die sich besonders in arabischen Ländern zur Verpackung von Konfekt großer Beliebtheit erfreuen, Giesecke & Devrient stellt unter schärfsten Sicherheitsvorkehrungen Spezialpapiere für Banknoten und Wertpapiere für aller Herren Länder her. Ein weiterer papierverarbeitender Betrieb ist die Firma Zweckform in Holzkirchen und Oberlaindern, bekannt für ihre Durchschreibe- und Formularsätze. Den Entwicklungen im digitalen Zeitalter folgend wurde die Produktion auf Computerspezialpapiere und modernste Etikettiertechnologie ausgeweitet. Das Unternehmen Sixtus in Schliersee bedient sich seit jeher für seine Produkte des Reichtums der Natur und stellt »kosmetische und pharmazeutische Bergkräuter-Spezialitäten« her. In Holzkirchen hat das Arzneimittelunternehmen Hexal seinen Stammsitz. Hexal hat sich vor allem mit Generika einen Ruf gemacht, das weltweit agierende Unternehmen setzt jedoch zunehmend auch auf Weiter- und Neuentwicklungen.

An den Ortsrändern vieler Gemeinden sind größere und kleinere Gewerbegebiete entstanden, in denen sich Autohäuser, Baumärkte, Druckereien, Handwerksbetriebe und

Berufsbildungszentrum Miesbach

Hightech-Unternehmen angesiedelt haben. Im Waakirchner Gewerbegebiet beispielsweise hat die Firma Westland-Sitec, ein wichtiger Lieferant für Flugzeugteile, seine Produktionsstätte. Im Holzkirchner Industriegebiet gründeten in Umstrukturierung einer großen Maschinenfabrik, die vor einigen Jahren ihre Pforten schließen musste, drei ehemalige leitende Mitarbeiter das Nachfolgeunternehmen »GWF Maschinenbau GmbH«, das mit 45 Mitarbeitern wieder ein erfolgreicher Zulieferer für den Werkzeugmaschinen- und Fahrzeugbau ist.

In den Ortskernen von Holzkirchen, Miesbach, Schliersee, Tegernsee, Rottach-Egern und Bad Wiessee machen zahlreiche Ladengeschäfte der unterschiedlichsten Branchen Lust auf einen entspannten Einkaufsbummel.

Schule und Ausbildung

Die nächste Generation ist so gut für die Zukunft gewappnet, wie sie ausgebildet ist. Darin liegt eine große Verantwortung des Landkreises. Internet und Computertechnik setzen neue Maßstäbe in der Wissensvermittlung, denen die Schulträger nachkommen und die sie vorausplanend gestalten müssen. Der Landkreis Miesbach hat die Weichen rechtzeitig und differenziert gestellt: Vom Kindergarten, über die Grund-, Sonder-, Haupt-, Real- und Gymnasialstufe ist jeder Schultyp für die Schüler des Landkreises erreichbar. Von besonderer Bedeutung sind die Miesbacher Landwirtschaftsschule, das Berufsbildungszentrum sowie die moderne Berufsschule für mehr als

Krankenhaus Agathaied

1600 Schüler. Das Ausbildungsniveau ist hoch, Lehrer und Schüler sind motiviert, der soziale Zündstoff, der vor allem in den städtischen Regionen das Schulleben oft vergällt, fehlt bei uns weitgehend, und so ist ein entspanntes, effektives Lernen möglich. Computer und Internet-Anschlüsse sind in den Klassenzimmern des Landkreises auf dem Vormarsch. Damit wird der Jugend ein erfolgreicher Einstieg ins Berufsleben und nach der Ausbildung der Erwerb von weiterem Fachwissen ermöglicht, das das Zukunftskapital und die Existenzgrundlage des breiten Mittelstandes ist.

Zahlreiche öffentliche Bibliotheken, Volkshochschulen und die Bildungswerke der Kirchen ergänzen das Spektrum im Bereich der Erwachsenenbildung.

Das moderne Großkrankenhaus in Agatharied

Das größte Bauprojekt des Landkreises – das nach einer langen Planungsphase und schnellen Bauzeit im Jahr 1998 eingeweiht werden konnte – ist das moderne Krankenhaus in Agatharied in der Gemeinde Hausham. Der lichtdurchflutete, klar gegliederte, in die Landschaft eingebettete ästhetische Bau, der allen Anforderungen der zeitgemäßen Krankenpflege und stationären Medizin entspricht, gilt als einer der modernsten Krankenhausbauten Deutschlands und ist in seiner Konzeption und Ausführung richtungsweisend. Der Landkreis darf zu Recht stolz auf diese Einrichtung sein. Ein umfassendes medizinisches Angebot mit einer Infrastruktur, die eine optimale Kommunikation und

Hallenbad Holzkirchen

Abstimmung erlaubt, eine helle, menschlich proportionierte Architektur, aber insbesondere die fachliche Kompetenz und die Freundlichkeit des Personals geben den Rahmen für eine schnelle und erfolgreiche Therapie. Durch die angeschlossene Krankenpflege-Schule ist das Krankenhaus Agatharied überdies eine weitere wichtige Bildungsinstitution in unserem Landkreis.

Soziale Verantwortung und nachbarschaftliche Hilfe

Landkreis, Gemeinden und Kirchen nehmen ihre Verantwortung für das Gemeinwohl sehr ernst und unterhalten eine Vielzahl von sozialen Einrichtungen. Den Bürgern stehen zur Verfügung: Kindergärten und Kindertagesstätten, Jugendtreffs, Beratungsstellen für Mädchen, Frauen, Mütter und Familien, ambulante Pflegedienste und Altenheime. Diese Institutionen können überall dort unterstützend und fördernd eingreifen, wo die Grenzen familiären Zusammenhalts und der nachbarschaftlichen Gemeinschaft erreicht sind.

Die Sorge um die Menschen teilen sich sowohl die Verantwortlichen in der Kommunalpolitik als auch insbesondere die christlichen Kirchen. In den frühen Jahren der Klostergründungen wurde in unserem Landkreis schon der Grundstein für ein christliches Menschenbild gelegt, das sich bis auf den heutigen Tag erhalten hat. Auf Seiten der Kirchen hat das schließlich zur Gründung der schon genannten sozialen Einrichtungen geführt.

Das Handeln der Menschen in unserer Heimat, ihre Verbundenheit mit der Natur, das Einstehen füreinander besonders in Notzeiten und die große Bereitschaft zur ehrenamtlichen Hilfeleistung sind unmittelbar vom christlichen Geist geprägt, verbunden mit einer guten Portion altbairischer Liberalitas. Diesem Miteinander ist es wohl zuzuschreiben, dass auch die Ökumene bei uns bereits kraftvolle Wurzeln geschlagen hat; Offenheit und Aufgeschlossenheit zeigen wir nicht nur gegenüber unseren Gästen aus aller Welt, sondern auch gegenüber dem Andersdenkenden.

Gemeindegestaltung und -erweiterung

In den letzten Jahren sind für Schulen, Behörden und öffentliche Einrichtungen architektonisch ansprechende und konzeptionell funktionale Bauten entstanden. Harmonisch in gewachsene Strukturen fügen sich beispielsweise das Krankenhaus in Agatharied, das Berufsbildungszentrum,

Höhepunkt im Leben der Dorfgemeinschaft: Maibaumaufstellen

die Kreisberufsschule, das Polizeigebäude und das Finanzamt in Miesbach, das Hallenbad in Holzkirchen oder der Gemeindekindergarten in Otterfing, aber auch Industriebauten wie zum Beispiel die Hallen des Abfallentsorgungsunternehmens VIVO in Warngau. Zeitlos modern ist das in den Jahren 1964 bis 1966 erbaute Olaf-Gulbransson-Museum des weltberühmten Architekten Sep Ruf in Tegernsee.

In den Gemeinden Otterfing, Holzkirchen, Warngau, Kreuth, Miesbach und Irschenberg sind neue Wohngebiete entstanden. Bei der Ausweisung dieser Gebiete wurde eine Zersiedelung der Landschaft vermieden, bei den Baugenehmigungen auf ein harmonisches Zusammenspiel mit der dörflichen Umgebung geachtet.

Brauchtum – gewachsene Tradition

Im Miesbacher Land hat das Brauchtum eine lange gewachsene Tradition. Diese zu erhalten, machten sich bereits im 19. Jahrhundert Dutzende von Vereinen zur Aufgabe. Ihre Zahl ist seitdem gewachsen, das Brauchtum gleichwohl bedroht, denn eine Region, die dermaßen vom Fremdenverkehr geprägt ist, läuft Gefahr »Volkstum fürs Schaufenster« zu produzieren. Dieser Gefahr begegnen unsere Vereine erfolgreich. Sie machen keine Zugeständnisse an das »Seppltum« für die Fremden, und Zugeständnisse wären auch gar nicht angebracht, denn alles was das Oberländer Brauchtum und Volksgut zu bieten hat, ist so gut, dass es eine Sünde wäre, dieses zu verwässern.

Es geht nicht um Äußerlichkeiten, um das Zurschaustellen, es geht um das Inwendige, das echte, von den Inhalten her gewachsene bodenständige Brauchtum. Offen und natürlich gegenüber den Fremden und selbstbewusst in seinen Traditionen und Gebräuchen, so geht der Oberländer auf die Welt zu. Genießt die Selbstdarstellung, in der Art sich zu kleiden, zu bauen, seine Prozessionen und Feste zu feiern. Pflegt seine Sitten und Gebräuche in üppigen Ereignissen, mit Musik und Tracht, aber auch in den kleinen,

Denkmalschutz mit modernen Elementen: Kulturzentrum Waitzinger Keller

täglichen Ritualen, verwurzelt in einer bäuerlichen Gemeinschaft, und nur diese kann dauerhaft das Brauchtum weitertragen.

Was du ererbt von deinen Vätern

Die Schätze der Geistes- und Kulturgeschichte unseres Landkreises leuchten weit über seine Grenzen hinaus. Dieses reiche Kulturerbe gilt es zu pflegen, damit es lebt und auch die Generationen nach uns sich noch daran erfreuen können.

Ein gelungenes Beispiel des Denkmalschutzes ist die Renovierung des Waitzinger Kellers in Miesbach. Hier sind Alt und Neu eine Symbiose eingegangen. Genutzt werden die schönen Räume und Säle jetzt als Kulturzentrum, offen für alle kulturellen Facetten unseres Kreises.

Das Motto einer richtig verstandenen Denkmalpflege könnte das bekannte Goethe-Zitat sein: »Was du ererbt von deinen Vätern, erwirb es, um es zu besitzen«. Das gilt für Bauwerke und Denkmäler genauso wie für Musik, Literatur oder Malerei. Und in ganz besonderem Maße gilt dies in unserer Gegend für die große Vielfalt der alpenländischen Volksmusik, des Volksgesangs und des Volkstanzes und auch für das Bauern- und Laientheater. Es ist eine der wichtigen Aufgaben des Miesbacher Landkreises, dieses Kulturgut sowohl finanziell, vor allem aber auch ideell zu unterstützen und zu fördern.

Bilder aus dem Miesbacher Land

R. Peter Bachhuber

Der folgende Bildteil erhebt nicht den Anspruch, das Miesbacher Land in seiner ganzen Vielfalt erschöpfend zu illustrieren, sondern stellt vielmehr den subjektiven Versuch dar, topographische Kurzinformation in ästhetisch gefälliger Form zu vermitteln. Die Fotoreise beginnt in der Kreisstadt und führt von dort aus über den Schlierseer Winkel, das Leitzachtal, die Irschenberger Höhe, durch Weyarner und Valleyer Fluren bis in die Ebene bei Holzkirchen, um dann den Weg über Warngau und Waakirchen nach Süden ins Tegernseer Tal zu nehmen.

Bewusst wurde hier verzichtet auf einen Realismus, der auch die bei uns nicht mehr zu übersehenden Zeugnisse der modernen Zeit in den Vordergrund stellt. Hingegen galt das Augenmerk den Aspekten der ursprünglichen Schönheit unserer Heimat. Denn immer noch bietet das Oberland seinen Gästen ebenso wie denen, die hier zuhause sein dürfen, das Erlebnis einer nahezu heilen Landschaft und ihrer Menschen – in unserer von Zukunftsängsten geplagten Zeit eine beglückende Erfahrung ...

Am unteren Markt in Miesbach

Blick auf Miesbach

Am oberen Markt in Miesbach

Miesbacher Gebirgsschützen und Marketenderinnen

Frauen in Miesbacher Tracht

Blick von Wall auf den Wendelstein

Bauernhof in der Wies

In der Wies

In Agatharied

Hausham

Haushamer Miederdirndl

Am Schliersee

Blick vom Weinberg auf Schliersee

Schlierseer Badespaß

Fasching auf der Firstalm

Schlierseer Kirchtag

Leonhardifahrt in Fischhausen

Schlierseer Marketenderin und Gebirgsschütz

Auf der Kreuzberg-Alm

Beim Almabtrieb

Almabtrieb in Geitau

Am Soinsee

Am Spitzingsee

Beim Jodlbauern in Hagnberg

Auracher Filze

Bayrischzell mit Wendelstein

Wendelstein-Kircherl

In Bayrischzell

Trachtlerjugend in Bayrischzell

Fischbachau

Kräuterbuschen-Binden in Fischbachau

Im Martinsmünster von Fischbachau

Maria-Schutz-Kirche in Fischbachau

Trachtenwallfahrt in Birkenstein

Das Birkensteiner Gnadenbild

In Elbach

Bei Elbach

Unterwegs nach Hundham

Leonhardifahrt in Hundham

In Irschenberg

Blick von Wilparting zum Wendelstein

Leonhardifahrt ...

... in Reichersdorf

In Niklasreuth

Bei Kleinpienzenau

Ehemaliges Augustinerchorherrenstift Weyarn

Stiftskirche St. Petrus und Paulus in Weyarn
Pietà von Ignaz Günther

Beim »Reisacher Wasserschloß«

Am Seehamer See

In Kleinhöhenkirchen

In Unterdarching

Maibaumaufstellen in Valley

Valleyer Miederdirndl

St. Georg in Otterfing

In Otterfing

Tölzer Straße in Holzkirchen

Am Hackensee

Festtag ...

... in Großhartpenning

In Oberwarngau

Fronleichnam in Osterwarngau

Schöne Warngauerin

Bei Warngau

In Schaftlach

Schaftlacher Kreuzritt

Oberländer-Denkmal in Waakirchen

Waakirchener Gebirgsschützen

Blick von Kaltenbrunn auf den Tegernsee

Gmund am Tegernsee

An der Mangfall in Gmund

Historische Dampfzugfahrt

Almabtrieb in Tegernsee

Ehemalige Benediktinerabtei in Tegernsee

Tegernseer Schloß mit Kirche und Bräustüberl

Ehemalige Tegernseer Klosterkirche St. Quirin

In Tegernsee

Egerner Bucht mit Wallberg

Bad Wiessee mit Ochsenkamp

Wiesseer Kurpromenade

Mariä-Himmelfahrt-Kirche in Bad Wiessee

In Bad Wiessee-Abwinkl

Waldfest-Gaudi

»Blasmusi«

Auf dem Weg zum Riederstein

Blick vom Wallberg-Kircherl zur Zugspitze

Skiabfahrt vom Wallberg

Nikolaus-Regatta in Egern

Egerner Malerwinkel mit Wallberg

In Rottach-Egern

Trachtenwaldfest in Rottach-Egern

Tanzszene

Kreuther Leonhardifahrt

St.-Leonhardskirche in Kreuth, im Hintergrund der Leonhardstein

In der Schwarzen Tenn

In Wildbad Kreuth

Die Kreuther Gumpen

Die Gemeinden des Landkreises Miesbach

R. Peter Bachhuber

Der Landkreis Miesbach

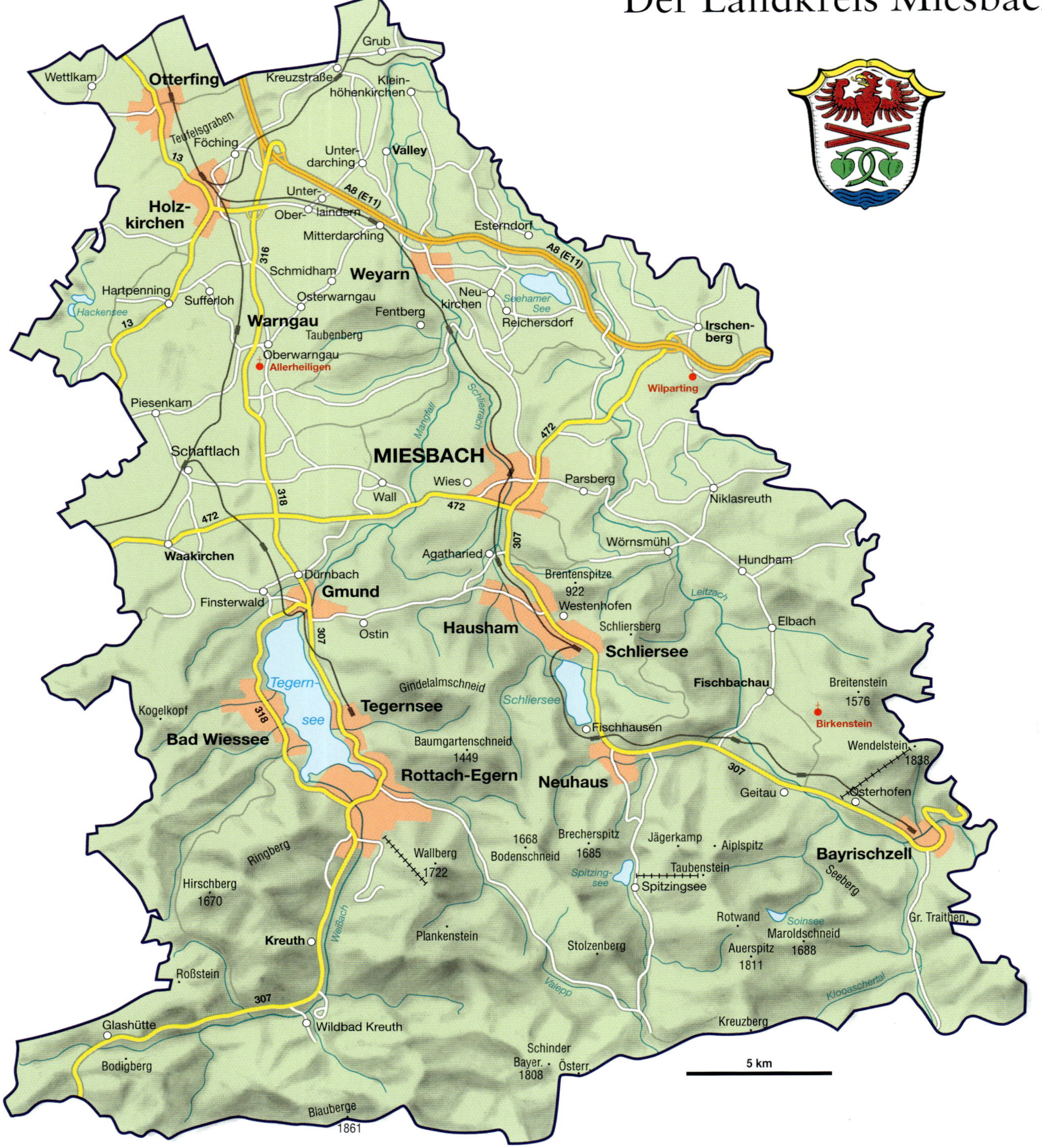

Bad Wiessee

4500 Einwohner, 3280 ha Fläche, 735m NN

Informationen
Kuramt Bad Wiessee
Adrian-Stoop-Straße 20 / Postfach 120
83704 Bad Wiessee
Tel.: 08022/86030 / Fax: 08022/8630-30
Internet: www.bad-wiessee.de.
e-mail: info@badwiessee.de

Tourismus
4770 Betten in Hotels aller Kategorien, Hotels garni, Hotel- und Kurpensionen, Gästehäuser, Ferienwohnungen, Sanatorien und Kliniken
52 Gaststätten

Jodschwefelbad
Indikationen: Erkrankungen des rheumatischen Formenkreises, des Herzkreislaufsystems, der Atemwege und der Haut

Sport
Golf (18-Loch-Platz), Driving Range, Tennis, Segeln, Surfen, Tauchen, Bade-Park, Luftgewehrschießen, Paragliding, Mountainbiking, Ski alpin und Langlauf, Wandern, Bergsteigen, Klettern

Ausflüge
Aueralm (1270 m), Bauer in der Au (Almhütte)
Hirschberg (1670 m), Schwarze Tenn (Almhütte)
Seerundfahrt

Sehenswürdigkeiten
Kirche Mariä Himmelfahrt mit Bergfriedhof
Quirinusölkapelle
Wiesseer Friedenstaube
Kornspeicher (Troadkasten)
Abwinkel (Altwiessee) mit seinen Bauernhöfen

Veranstaltungen
Seefest mit Brillantfeuerwerk, Waldfeste, Konzerte
Tennisturniere, Ausstellungen, Theater

Spielbank Bad Wiessee
Spiel und Entspannung bei Black Jack, Roulette und Spielautomaten

Sternstunden: Eissegeln auf dem spiegelglatten Tegernsee

Gerade die jüngste der Gemeinden des Tegernseer Tales darf wohl auf die steilste Karriere stolz sein. Nur drei Höfe hatte das älteste Urbar des Tegernseer Klosters im Jahre 1256 in »Wesses«, am Westsee gezählt. Bis zum Beginn des 19. Jahrhunderts waren daraus etwa dreißig geworden, die der Abtei zu Lehens- und Zinsabgaben in Form von Käse und Obst verpflichtet waren. Eine Reihe dieser Anwesen ist uns bis heute erhalten geblieben. Jahrhundertelang fuhren die Wiesseer Bauern – bevor 1924/26 die eigene Pfarrkirche Mariä Himmelfahrt errichtet wurde – jeden Sonntag in großen Booten hinüber zum Pontifikalamt in der Abtei; das Kapellchen beim Sapplhof erinnert noch heute daran, dass diese Passage nicht ungefährlich war und immerhin einigen Menschen bei Unwettern das Leben kostete. Nach dem Gottesdienst kehrte man dann drüben zum gemütlichen »Ratsch« in der Wirtschaft an der Länd ein, wenn man nicht beim Arzt, im Klosterspital und der Apotheke Wichtigeres zu erledigen hatte. So ging die Zeit ins Land; noch 1851 zählte Wiessee erst 51 Häuser.

Vermutlich wäre dem Ort seine ruhige Beschaulichkeit noch länger erhalten geblieben, hätte nicht der Holländer Adrian Stoop zwischen Lindenplatz und Rohbognerhof nach Erdöl gebohrt. Seine etwa sechzig Arbeiter und Ingenieure wurden bald fündig. Im »Ölwinkel« der Finner Bucht hatten Tegernseer Mönche schon im Jahre 1430 Naphtha entdeckt und nach ihrem Klosterpatron St.-Quirinus-Öl genannt. Schnell begriff damals der Klosterapotheker, dass es sich vorzüglich zur Behandlung vieler Gebrechen eignete, und empfahl kühn sogar seine Anwendung bei Pestepidemien. Den Holländern gelang zwar anfangs, eine beachtliche Förderung der fossilen Kostbarkeit, dann jedoch versiegten langsam die Quellen – schlimmer noch: es sickerte Wasser in eines der Bohrlöcher ein. Als jedoch eine sofort erstellte Analyse der »stinkenden« Quelle glücklicherweise einen beachtlichen Jod- und Schwefelgehalt ergab, entschloss man sich auf Anraten eines Arztes, ein kleines Badehaus zu bauen, dessen Betrieb im Laufe der Zeit schließlich die Haupteinnahmen sicherte. Die König-Ludwig-III-Quelle war geboren, der Bad Wiessee seinen einzigartigen Aufstieg zum Kurbad verdankt. Ihre vielseitigen Anwendungsmöglichkeiten u. a. bei Altersleiden, Kreislaufbeschwerden, Erkrankungen der Atemwege und des rheumatischen Formenkreises erlauben eine Therapie verschiedenster Anwendungsformen wie Inhalationen, Wannen- und Teilbäder etc. Deshalb entstand um die Quelle als Herz von Bad Wiessee das Kurzentrum mit seiner Fülle an Einrichtungen. Schon 1929 hatte man für die ersten Kurgäste eine Seepromenade angelegt. Kurze Zeit darauf befreite der Aufschluss der Wilhelmina-Quelle die Wiesseer

Golfplatz mit Aussicht

Jod und Schwefel – heute nötiger denn je

Auf den Einstieg ins 21. Jahrhundert hat sich Bad Wiessee mit seiner eigenen Kurphilosophie bestens vorbereitet: Eine zukunftsorientierte, individuelle Kur muss vernetzt, ganzheitlich und zeitgemäß sein. Grundlage der Behandlung sind neben neuesten wissenschaftlichen Erkenntnissen aus der physikalischen Therapie, der Naturheilkunde, der Ernährungswissenschaft, der Sport- und Trainingswissenschaft die Psychologie und Pädagogik. Alle Angebote – vom »Jod-Schwefelbad zum Kennenlernen« bis hin zur »Spezialtherapie für Computergestreßte« – werden ganzjährig angeboten.

Da die Jodbäder gleichermaßen die Durchblutung fördern und den Blutdruck senken, kann das Jod-Schwefel-Quellwasser für eine weitgefächerte Anzahl von Indikationen eingesetzt werden: So z. B. bei Störungen der Kreislauffunktion, bei sklerotisch bedingten Herz- und Gefäßkrankheiten sowie bei Atemwegserkrankungen. Auch Patienten mit unterschiedlichen rheumatischen Beschwerden finden hier Linderung. Ebenso lassen sich verschiedene Hautkrankheiten mit Hilfe des Heilwassers dauerhaft bekämpfen. Auch werden Jod-Augenbäder nicht nur bei altersbedingten Augenleiden erfolgreich eingesetzt.

Bad Wiessees Kurkliniken bieten mit ihrem hohen medizinischen Standard – geeignet auch für Anschlussheilbehandlungen – und einem Service wie in einem Vier-Sterne-Hotel die besten Voraussetzungen für einen guten Heilerfolg. Inhalationen, Vierzellenbäder, Wannen- und Besprühungsbäder, Spezialmassagen und vieles mehr sind Teil einer umfangreichen wie individuell abgestimmten Therapie.

Abwechslungsreiches Sommer- und Winterprogramm

Im Winter bietet der Kurort eine Kinderski-, Langlauf- und Snowboardschule sowie eine Alpin-Skischule. Mehr als 60 km geräumte Wanderwege und gespurte Loipen sind ein Anziehungspunkt. Wen es in die Höhe zieht, der kann am Sonnenbichl (mit neuer Beschneiungsanlage) mit Blick auf den Tegernsee herrliche Ski-Abfahrten unternehmen. Für die »romantischen« Gäste sind Pferde-Schlittenfahrten ein unvergeßliches Erlebnis. Ganz besonders lebendig geht es dann im Sommer zu: Reger Nachfrage erfreuen sich Gleitschirm-, Golf-, Tennis- und Tauchkurse. Segelregatten sind sommerliche Höhepunkte. Bad Wiessees Golfplätze gehören zu den am schönsten gelegenen in Deutschland und im Umkreis von nur 30 km befinden sich weitere zehn Plätze.

Die Tennisbegeisterten erwartet eine Open-Air-Halle mit drei Plätzen sowie sechs Außenplätze mit Centercourt. Wasser-, Dampf- und Saunaspaß findet der Gast im »Bade Park Bad Wiessee«. Auf den über 50 km langen Berg- und Wanderwegen kommen auch Mountainbiker voll auf ihre Kosten.

Messe München ade … Übernachten in Bad Wiessee

Dank einer guten Verkehrsanbindung können sich gestresste Teilnehmer der Messe München hier in guter, würziger Bergluft bei bester gastronomischer Betreuung wieder »fit« machen lassen. Sollte es jedoch noch ein »Pluspünktchen« mehr sein, erwartet den verwöhnten Besucher auf der Kurpromenade ein Aufstieg mit dem Heißluftballon. Spätestens dann wird der Gast erkennen – »Bad Wiessee … zum Abheben schön!«

Wellness auf der ganzen Linie – Spaß im Bade Park...

von allen Zukunftssorgen. Technisch aufwendige Pumphäuser wurden erbaut, die bis heute eine stetige Schüttung und Versorgung gewährleisten.

Glücklicherweise machte Bad Wiessee nicht den andernorts begangenen Fehler, dem Rausch des schnellen Geldes auch das dörfliche Gesicht zu opfern. Hier gelang es, die nun rasch eröffnenden Hotels, Arztpraxen und Geschäfte in eine geglückte, großzügige Ortsgestaltung einzubeziehen.

Ein zweiter Bauboom in den sechziger Jahren erweiterte die bis dahin schon vorbildlichen Einrichtungen um ein Hallenbad und Sportanlagen. Ein traumhaft schön gelegener Golfplatz und die viel besuchte Spielbank setzten darüber hinaus internationale Akzente. Kein Wunder, dass das Heilbad bei seinen Gästen bis heute hoch im Kurs steht. Eine Legende seiner illustren Besucher nennt nicht nur König Max I., an dessen Aufenthalt heute noch die Königslinde erinnert, den Prinzen Carl von Bayern, König Ferdinand von Bulgarien, sondern u. a. auch Wilhelm Furtwängler und Zarah Leander. Der Vollständigkeit halber soll auch nicht unerwähnt bleiben, dass sich in Bad Wiessee der Beginn des »Röhmputsches« abgespielt hatte.

Obwohl der größte Teil der Wiesseer Gäste heute sicherlich der zweiten Lebenshälfte angehört, hat es die Gemeinde verstanden, der Überalterung ihrer Publikumsstruktur mit einem gleichermaßen für Jüngere attraktiven Freizeitangebot entgegenzusteuern. Die Gemeinde verfügt nicht nur über zahlreiche Tennisplätze, sondern auch über Skilifte, Strandbäder, eine Sportschützenanlage und einen Yachtclub. Jung und Alt schätzen gleichermaßen die vielfältigen Möglichkeiten, die heimische Bergwelt kennenzulernen; von der anspruchsvollen Klettertour im Reich der Schwarzen Tenn bis hin zum einfachen Spaziergang stehen alle Möglichkeiten offen.

Obligates Muss für jeden wandernden Urlauber aber bedeutet ein Besuch beim Bauern in der Au, einem nach Aufhebung des Klosters von den Wittelsbachern erworbenen Besitz, dessen wundervoller Einfirsthof 1971 leider einem Brand zum Opfer fiel. Trotz des Neubaues in kleinerem Rahmen atmet das Anwesen am idyllischen Wiesenplan noch immer ein wenig den Geist vergangener Tage. Früher waren hier die Holzknechte, Saliner und herzoglichen Jäger unter sich gewesen, als aus dem Überfluss des umgebenden Forstes das Holz noch die Wildbäche hinab in den See bis hinüber nach Gmund getriftet wurde. Vergangene Zeiten... Dennoch besteht kein Grund zur Melancholie, wenn man dem Aufruf der dekorativ in den Wind gestellten Brauereifahne gefolgt ist und sich eine frische Mass bestellt hat: Die elementarsten Genüsse des Lebens sind jedenfalls dieselben geblieben.

... und Erholung im großzügigen Saunaland

Bayrischzell

1600 Einwohner, 79,56 qkm Fläche,
800 m über NN

Informationen
Gemeinde Bayrischzell
Kirchplatz 2
83735 Bayrischzell
Telefon 08023 / 90760
Fax 08023 / 1034
Kurverwaltung Bayrischzell
Telefon 08023/648

Tourismus
14 Hotels und Gasthöfe, Privatzimmer, Ferienwohnungen, »Ferien auf dem Bauernhof«
1 Jugendherberge
Gasthäuser und Cafés
Kurmittelhaus

Sport und Spiel
Wanderungen, Bergtouren
Radfahren und Mountainbiking
Alpenfreibad
Tennis, Reiten
Wendelsteinseilbahn
Skigebiet Sudelfeld
40 km Langlaufloipe

Ausflugsziele
Auf der Deutschen Alpenstraße gelangt man über den Tatzelwurm ins Inntal und in Richtung Süden nach Österreich.

Wer heute an einem Sommersonntag durch das betriebsame, aber liebenswerte Dörfchen schlendert, kann sich auch mit lebhaftester Phantasie kaum vorstellen, dass hier bis ins 19. Jahrhundert ausschließlich Feldwege existiert und nur wenige Idealisten Erholung gesucht hatten. Diesem Idyll erlagen damals sogar die beiden bayerischen Könige Max II. und Ludwig II. Wenig später riss jedoch der Anschluss an das Eisenbahnnetz und einsetzender Straßenbau Bayrischzell aus seiner Beschaulichkeit. Auf der deutschen Alpenstraße gelangt der Reisende heute mühelos hierher und weiter übers Sudelfeld ins nachbarliche Inntal oder über den Ursprungpass nach Tirol, wohin noch vor wenigen Jahrzehnten nur eine von Steinschlag gefährdete, kaum mehr als zwei Meter breite Passage geführt hatte.

Drei Attributen vor allem verdankt das reizende Dorf am Anfang des Leitzachtales seine Faszination auf die Fremden: Erstens der malerischen Lage am Fuße des majestätischen Wendelsteins, zweitens seinem im 19. Jahrhundert entstandenen Namen, der bei vielen Norddeutschen als Synonym für Oberbayern selbst gilt, und drittens der Entdeckung des Sudelfeldes als attraktivem Skigebiet.

Mit einem ganzen Bündel von Fremdenverkehrseinrichtungen, einem Kurmittelhaus, Sport- und Kneippanlagen sowie einem schönen Freibad, hat man es in den letzten Jahrzehnten verstanden, den Gästen den Erholungsaufenthalt möglichst abwechslungsreich zu gestalten.

Als »Hellingerswang« erscheint das Dorf vor dem Prospekt des großen Traithen schon um das Jahr 800 in den Annalen lokaler Geschichte. Sein Gotteshaus St. Margareth verdankt der Ort der Ahnfrau des bayerischen Königshauses, der istrischen Gräfin Haziga von Scheyern-Wittelsbach, die zwei adeligen Eremiten kurz nach der Jahrtausendwende beachtlichen Geld- und Grundbesitz schenkte und so 1079 an der Stelle des heutigen

Erholung beim Kneippen

Unterlärcheranwesens die Errichtung von Klostergebäuden ermöglichte. Doch die Mönche der Hirsauer Benediktinerabtei, deren Konvent später das kleine Stift mit allen Rechten übernahm, mussten bald resignieren: Da sich das Klosterleben im schwach besiedelten, ertragsarmen und klimatisch rauhen Gebirgswinkel als zu schwierig gestaltete, wechselten sie 1086 auf die vom Freisinger Bistum eingetauschten Güter nach Fischbachau über, wo die Gönnerin nach der Laienkirche Mariä Schutz auch noch das Martinsmünster für die neue Abtei erbauen ließ.

Scheyrer Mönche waren es dann, die 1733, als sich das Dörfchen noch Margarethenzell nannte, eine Umgestaltung der Kirche im Rokokostil finanzierten; das charakteristische Scheyrer Kreuz auf der Turmspitze erinnert noch heute daran. Dieser Neubau darf sich zu den liebenswertesten Beispielen bäuerlicher Sakralkunst zählen, da seine zierlichen Ausmaße einen Andachtsraum von wahrlich berückender Innigkeit schufen. In seinem milden Licht grüßen huldvoll die heiligen drei Madl Katharina, Margareth und Barbara vom Hochaltar. Die nachbarliche Seelenkapelle im Friedhof birgt das Schnitzwerk einer schmerzhaften Muttergottes, die der Sohn des Unterlärchersbauern nach seiner glücklichen Rückkehr aus dem Dreißigjährigen

Ski- und Wanderparadies: Sudelfeld und Wendelstein
Für den Sommerfrischler, Wanderer und Skifahrer bietet Bayrischzell paradiesische Voraussetzungen.

Mit Anbindung an die Bahnlinie wurde das Sudelfeld mit seinen weiten Hängen schnell als Wintersportplatz ausgebaut. Erst entstanden die Sessellifte von Bayrischzell auf das mittlere und obere Sudelfeld, sowie ein Schlepplift am Tannerfeld. Heute ist das Sudelfeld ein Familienskigebiet mit insgesamt 20 Liftanlagen. Die neueste Errungenschaft ist die Beschneiungsanlage am Waldkopf.

Seit 1969 ist der Wendelstein nicht nur mit der Zahnradbahn von Brannenburg zu erreichen, sondern auch von Osterhofen mit einer modernen Großkabinenbahn, an die sich zwei Schlepplifte anschließen. Busverbindungen zwischen den beiden Talstationen ermöglichen eine Rundtour zur Erkundung des Bayrischzeller Hausbergs.

Heilendes Klima
1979 erhielt Bayrischzell den Titel »Heilklimatischer Kurort«. Neben dem schon seit 1904 als Sanatorium bestehenden Tannerhof wurde ein Kurmittelhaus errichtet, wo Linderungssuchenden Fango, Kneippgüsse, Wärmetherapien oder Massagen angeboten werden.

Station der Deutschen Alpenstraße
Vom Spitzingsee kommend erreicht die Deutsche Alpenstraße Bayrischzell und führt über den Tatzelwurm ins Inntal und weiter ins Chiemgau. In Richtung Süden gelangt man über den Ursprungpaß nach Österreich.

Wendelsteinbahn

Krieg in Einlösung seines Gelübdes hatte schnitzen lassen.

Ein mystisches Erlebnis erwartet den Wanderer in der Marienkapelle im nahe gelegenen Geitau. Suggeriert sie mit ihrem ärmlichen Äußeren eher einen phantasielosen Pionierbau des Wilden Westens, so lässt ihre Pracht im Innern den Spötter schnell verstummen. Bemerkenswerte Bilder und Figurinen verwandeln die Kirche zum wahren Schatzkästlein, dessen Kunstgegenstände größtenteils aus der ehemaligen Fischbachauer Abteikirche stammen und nach der Säkularisation hierher gelangten. Unvergesslich ein kleiner hübscher Altar mit der Darstellung von Mariä Himmelfahrt und seiner bittersüßen, ans Herz rührenden Inschrift.

Doch Melancholie ist wahrlich nicht das Gebot der Stunde im Anblick der herrlichen Szenerie der Berge, die sich draußen vor den Augen ausbreitet: Traithen, Seeberg, Maroldschneid, Aiplspitz und vor allem der 1838 Meter hohe Wendelstein, dem die Zeller Gemeinde in Liebe, jedoch nicht uneigennützig verbunden ist. Seine exponierte Lage zur Ebene hin schenkt wirklich eine Aussicht, die in den Nordalpen ohne Beispiel ist und gleichermaßen weit hinein in das Vorland reicht, wie in den allseitigen Traumprospekt der bayerischen und österreichischen Berge. Auf den pittoresken Wendelstein konzentrierte sich drum schon früh die romantisierende Landschaftsbegeisterung der Münchner Künstler, ihn bestieg schwärmend sogar der Dresdner Zeichner Ludwig Richter. Und als schließlich König Max II. seinen Fuß auf den reizvollen Gipfel setzte, war der Ruhm dieses Berges endgültig besiegelt. Schon 1883 wurde das Wendelsteinhaus eröffnet, mit dem Bau einer Zahnradbahn von Brannenburg herauf begonnen, der 1969 verspätet die Osterhofener Drahtseilbahn folgte und damit den Berg wieder

Skivergnügen am Sudelfeld

der Zeller Gemeinde zurückgewann. Leider geschah an Bebauung auf dem Gipfel des Guten zuviel. Doch entschädigen der prächtige Panoramaweg, die Gipfelhöhle und Deutschlands höchstes Bergkircherl, das schon Pius XII. besucht hatte, dafür.

Ein romantischer Bergsteiger wird sich andere Ziele suchen, vielleicht mit einer der über dreißig Almen vorliebnehmen, deren sich Bayrischzell rühmen darf. Stellvertretend für die nichtgenannten seien hier nur wenige, besonders eindrucksvolle Beispiele aufgeführt: Die Kreuzbergalm wegen ihres atemberaubend schönen Aufstiegs im Angesicht des malerischen hinteren Sonnwend- und Schönfeldjoches und die beiden Tiefenthaler Almen mit ihrer bezaubernden Lage zu Füßen wilder Felsgrate; die geglückt restaurierte Wildfeldalm und die Soinalm in unmittelbarer Nähe des gleichnamigen verträumten Sees, in dessen grünen Wassern sich schaurig schön die Ruchenköpfe spiegeln.

Szenen und Jahreszeitenwechsel: Eine Winterwanderung hinauf zum berühmten Berggasthaus »Zum feurigen Tatzelwurm«, wo sich einst namhafte Künstler ein Stelldichein gaben. Im Gegenlicht funkelnde Schneekristalle, leise klickende Liftbügel, heiserer Schrei der Bergdohlen an einem Wintersonntag im Blau aller Blaus über dem in frostiger Herrlichkeit leuchtenden Sudelfeld.

Skifahren hat hier eine lange Tradition. Bereits seit der Jahrhundertwende wird an den Hängen des Sudelfelds Skisport betrieben; einem Zeller Grenzer namens Hermann Hartmann ist die Großtat zu verdanken, dass Skifahren nicht nur das Privileg weniger Eingeweihter blieb. Die Begeisterung hält an, und konsequenterweise ist auch die über siebzigjährige Geschichte des örtlichen Skiclubs reich mit Siegen, Medaillen und Meisterschaften gesegnet. Diesem äußerst rührigen Verein gebührt die Ehre, so viel zur Verbreitung des Weißen Sports beigetragen zu haben, wie kaum ein anderer alpenländischer Club.

Doch waren von Bayrischzell nicht nur sportliche, sondern auch idealistische Impulse ausgegangen, die Bewahrung und Wiederentdeckung des oberbayerischen Brauchtums bedeuteten und deren Wirkung bis heute lebendig ist.

Hier hatte der Lehrer Joseph Vogel 1883 Deutschlands und der Welt ersten Trachtenverein gegründet. Bayrischzeller und Miesbacher machten die wunderschöne Tracht unserer Heimat in allen Erdteilen bekannt. Heute noch ist man zu Füßen des Wendelsteins eifrig bemüht, die Glut in der Asche überkommener Werte zu erhalten – ein Ziel, dem sich auch hier die Gebirgsschützen verschrieben haben. Wenn sie an ihrem Jahrestag oder zu sonstigem feierlichen Anlass mit geschultertem Gewehr durch den Ort marschieren und dabei auch von ihren Tiroler Nachbarn freundschaftlich begleitet werden, erinnert nichts mehr an diese Konflikte früherer Tage, die beide gegen ihr Herz miteinander auszutragen hatten – beglückende Wendung der Heimatgeschichte, die sich die Bayrischzeller noch zu Beginn des 19. Jahrhunderts nicht hätten träumen lassen.

Sommerfrische mit heilendem Klima

Fischbachau

5300 Einwohner, 76 qkm Fläche,
750 bis 850 m über NN

Information
Gemeinde Fischbachau
Kirchplatz 10
83730 Fischbachau
Tel. 08028 / 90660 und 08028 / 876 (Verkehrsamt)
Fax 08028/2040
Internet: www.fischbachau.de
e-mail: gemeinde@fischbachau.de

Tourismus
2200 Gästebetten und 30 Gaststätten
Hotels, Gästehäuser in allen Preiskategorien
Pensionen, Privatzimmer, Ferienwohnungen
»Ferien auf dem Bauernhof«, 1 Campingplatz

Freizeit und Sport
»Haus des Gastes« mit Lese- und Vortragsraum
Kurpark mit Wassertretbecken und Kinderspielplatz
Warmfreibad in Fischbachau, Freibad in Wörnsmühl,
Tennisplätze, Tischtennisraum, Minigolfplatz,
Asphaltschießbahn, Kegelbahn
140 km Wanderwege, Trimmpfad, Waldlehrpfad
Schlepplift in Elbach
35 km gepflegte Loipen, Rodelbahn, Natureisplätze

Sehenswürdigkeiten
Romanische Kirche St. Martin in Fischbachau
Wallfahrtskirche Birkenstein
Blutkircherl in Elbach
St. Andreas mit weihnachtlicher Krippe in Elbach

Feste und Veranstaltungen
Ostermontag: Trachtenjahrtag in Fischbachau und Schützenjahrtag in Elbach
Anfang Mai: Waldlauf um den Wolfseepokal
Christi Himmelfahrt: Trachtenwallfahrt nach Birkenstein
August: »Fischbachauer Kunstausstellung«
14./15. August: Kirchenpatrozinium mit Lichterprozession in Birkenstein
Erster Novembersamstag: Leonhardifahrt in Hundham
2. Advent: Weihnachtsmarkt
Ende Dezember/Anfang Januar: Pferdeschlittenrennen in Elbach

Im Flurbereich der Gemeinde Fischbachau begann die Geschichte des Leitzachtales, das seinen Namen einem munter dahinmurmelnden Bergfluss verdankt. So erinnert die Ortschronik daran, dass in Hundham ein mächtiger bajuwarischer Stammesfürst residierte und auf Altenwaldeck immerhin ein Adelsgeschlecht saß, das mit der Gründung des Schlierseer Klosters und der Errichtung einer Grundherrschaft in Miesbach den Beginn geschichtlicher Entwicklung im Schlierach- und Leitzachtal markierte.

Hierher, nach Vischpachisowa, hatte Gräfin Haziga von Scheyern-Wittelsbach 1085 das Benediktinerkloster von Bayrischzell verlegt. Diesem Umstand verdanken wir heute das wunderbare Münster von St. Martin, die besterhaltene romanische Basilika Oberbayerns, die ihre strenge Bauform schamhaft unter farbenreichem Barockkleid verbirgt. Der Freskenhimmel beschert dem Andachtsraum im Zusammenwirken mit Stuck und reicher Vergoldung ein in seiner Gesamtheit äußerst prächtiges und himmelhoch jauchzendes Bild.

Warmfreibad Fischbachau

Der nahe Friedhof mit seiner Mariä-Schutz-Kirche zählt mit zu den schönsten im Miesbacher Raum. Zahlreiche schmiedeeiserne Grabkreuze, liebevoller Blumenschmuck und seine unmittelbare Nähe zu

Urlaub in der Ruhe der Natur
Fischbachau heißt seine Gäste willkommen: 1999 wurde im Rathaus das neue Tourismusbüro eröffnet, und mit dem neuen Klostersaal steht ein schöner, großzügiger Veranstaltungsraum zur Verfügung. Leistungsfähige Unterkünfte in allen Kategorien laden zu einem erholsamen und abwechslungsreichen Urlaub ein. Wer die Ruhe der Natur sucht, findet sie in Ferienwohnungen und Zimmern der prächtigen Fischbachauer Höfe.

Sport und Spiel in der Schönheit des Landschaftsschutzgebiets
Wasserratten finden ein modernes Warmfreibad in Fischbachau und ein Freibad in Wörnsmühl. Camper erwartet der Wolfsee mit seinem Campingplatz. Es gibt Tennisplätze, eine Asphaltschießbahn, eine Kegelbahn, einen Minigolfplatz, einen Trimmpfad, Fahrradverleih und einen Waldlehrpfad. 140 km betreute Wanderwege runden das Angebot ab. Die herrliche Landschaft läßt sich auch mit dem Rad erkunden. Im Winter gibt es in Elbach einen Schlepplift und im Gemeindegebiet 35 km gepflegte Langlaufloipen.

Das gesamte Gemeindegebiet – ausnahmslos Landschaftsschutzgebiet – ist von einem Kranz mittelhoher Berge umgeben: der Hausberg ist der Breitenstein (1622 m), von dessen Gipfel man einen eindrucksvollen Rundblick hat. Ebenso lohnt sich der Aufstieg zum Schwarzenberg, auf den Schweinsberg, auf das Auracher Köpferl und auf den Wendelstein.

leuchtenden Fluren, über die der Blick auf Kegelspitz und Breitenberg fällt, nehmen ihm alle Düsternis und Traurigkeit. Das äußerlich dem romanischen Stil verpflichtete Gotteshaus birgt gleichsam als künstlerisches Herz die Reliefs einer spätgotischen Schutzmantelmadonna und einer äußerst anmutigen Mariä Verkündigung. Aus seinem Fundus stammt auch das Madonnenbildnis der Renaissance, das zum Herz des goldfunkelnden Altares von Birkenstein wurde.

1673 war dort, am anmutigen Bacherl unter lichtgetupften Bäumen der Fischbachauer Pfarrvikar nach dem Brevierlesen eingeschlummert, wobei ihm im Traum die Mutter Gottes erschien und ihm den Platz offenbarte, an dem sie verehrt werden wollte. Der Geistliche zögerte nicht lange und ließ am Fuße des Breitensteins das Kirchlein mit zierlichem Zwiebelturm und Lärchenschindeldach errichten. Eine bescheidene Treppe geleitet über eine Balustrade in das Innere der Kapelle. Da ist man von der goldglänzenden Altardekoration schier geblendet: eine Legion lächelnder Putten umrahmt Maria und ihr Kind im Strahlenkranz. Das Dunkel des Raumes, das die wohlige Geborgenheit einer Höhle vermittelt, und sanftes Licht wecken Vertrauen und Entzücken. Wer sind wir? Woher kommen wir? Wohin gehen wir? Immer zur Mutter zurück.

»Maria hat geholfen« steht auf den Holzkreuzen, die abgelegt im Torbogen an der Wand lehnen. Birkenstein, dessen Anziehungskraft nahezu alle anderen Wallfahrten im Landkreis zum Erliegen brachte, übt noch immer große Faszination auf die Gläubigen aus. Nur an wenigen Tagen sind die Schulschwestern, die das Kircherl betreuen, ganz allein beim Gebet.

Es ist – das sei auch Ungläubigen empfohlen – ein wunderbares Erlebnis, an einem strahlenden Herbsttag erst hoch droben im Breitensteiner Fensterl zu sitzen und wunschlos den Wolken zuzusehen, die aus dem Schlierachtal herübersegeln, um dann auf dem Rückweg das kleine Wallfahrtsheiligtum zu besuchen. Blätter wehen über den Hof, es riecht nach Vergänglichkeit. Und nun kehrt man ein aus der strahlend reinen Helligkeit der Landschaft in den goldenen Zauber des Kirchendunkels, um erst dann, nach seelischer Labsal, den Tag bei einer zünftigen Brotzeit ausklingen zu lassen.

Idyllische Landschaft und 35 km Loipe versprechen schöne Tage im Schnee

Einen weiteren künstlerischen Hochgenuß beschert Elbach mit seinem Blutkircherl. Das Gotteshaus verdient diesen Superlativ allerdings nicht wegen seiner einzelnen Ausstattungsstücke, sondern der stilistischen Reinheit seines Andachtsraumes. Hier schuf der Schlierseer Baumeister und Stukkateur Georg Zwerger ein prächtiges Gesamtkunstwerk: Eine verschwenderische Altarkomposition und pastellfarbener Stuck, dessen Fülle Engel und sogar Christus selbst entwachsen, verleihen dem Raum eine Geschlossenheit ohnegleichen. Dieses künstlerische Kleinod verwahrt eine teure Reliquie: ein mit Christi Blut bespritztes Kleidstückchen seiner Mutter Maria.

Die Pfarrkirche St. Andreas steht dahinter ein wenig zurück. Ihr Gesamtbild der späten Renaissance, deren dunkle Farbigkeit an oberitalienische Kirchen erinnert, wird beherrscht von einem dramatischen Altarblatt mit der Darstellung des Andreasmartyriums. Schönster Besitz dieses Gotteshauses ist das berühmte alljährlich zur Weihnachtszeit aufgestellte Elbacher Kripperl.

Das Gemeindegebiet von Fischbachau und Elbach darf – wie jenes von Irschenberg, Weyarn und Warngau – zu den unverfälschten des Miesbacher Landes gezählt werden. Hier stehen wohl die schönsten Bauernhöfe, oft mit herrlichen Lüftlmalereien verziert, so der Jodlbauernhof in Hagnberg und der Wiedenhof bei Wörnsmühl. Beide verwandelte die geniale Hand der Schlierseer Brüder Böham zu einer wahren Barockkulisse. Vor solchem Hintergrund geben sich an manchen Festtagen Trachtenvereine und Gebirgsschützenkompanie ein reizvolles Stelldichein: So etwa zur Trachtenwallfahrt nach Birkenstein, die altbaierische Bilder längst vergangener Zeiten beschert. Oder zur Leonhardifahrt um Hundhams Kapelle, mit prächtig geschmückten Pferden und Kastenwägen vor dem Hintergrund einer sich im Blau verlierenden Bergkette.

Wahrhaftig ein blühendes Bauernland, dessen Gläubigkeit sich in einem guten Dutzend bunter Flurkapellen widerspiegelt, und dessen Herz so voll ist, dass ihm der Mund übergeht zum Gesang. Gemeint sind natürlich die vielen Sänger- und Musikgruppen, die das Leitzachtal zu einem Zentrum der Volksmusik machten. Sie alle aufzuzählen geriete zur Qual der Wahl.

Bleibt nur zu hoffen, dass die Besucher des aufstrebenden kleinen Fremdenverkehrsortes, der seinen Gästen so manche Annehmlichkeit bietet, die Spruchweisheit, man lasse sich dort am besten nieder, wo – noch dazu so viel – gesungen wird, nicht allzu wörtlich nehmen. Denn dann wäre es um den Zauber von Fischbachau und seiner idyllischen Gemeinden wohl bald geschehen ...

Gmund

6100 Einwohner, 38 qkm Fläche
739 m NN

Informationen
Gemeinde Gmund am Tegernsee
Kirchenweg 6
80793 Gmund am Tegernsee
Telefon 08022 / 750527
Fax 08022 / 750545
Internet: www.gmund.de

Tourismus
2 Hotels
9 Pensionen und Gasthöfe
93 Ferienwohnungen zum Teil auf Bauernhöfen
54 Privatzimmer zum Teil auf Bauernhöfen
18 Gaststätten / Restaurants
1 Café
1 Campingplatz

Sport und Spiel
55 km Wander- und Fahrradwege
2 Strandbäder
Bootsverleih
Segel- und Surfschule
Tennisplätze
13 km gespurte Langlaufloipe
2 Skilifte
1,5 km Uferpromenade mit Seeuferlehrpfad

Sehenswürdigkeiten
Pfarrkirche St. Ägidius, erbaut 1688 – 1693
Mariahilfkapelle, erbaut 1634
Jagerhaus, heute Heimatmuseum, erbaut 1634

Feste und Veranstaltungen
Waldfeste, Heimatabende, Kurkonzerte
Juni: zehntägiges Volksfest
1. Sonntag im August: Bürgerfest
November: Leonhardiritt in Festenbach
Dezember: Nikolausmarkt

Die malerisch am Abhang einer eiszeitlichen Endmoräne gelegene Gemeinde – nördliche Eingangspforte des Tegernseer Tales – verfügt heute vor allem in den Sprengeln von Finsterwald, Dürnbach, Festenbach, Eck und Ostin über ein Riesenareal intakten bäuerlichen Wiesenlandes. Diesem glücklichen Umstand verdankt Gmund auch seine brauchtumsbewußte, heile dörfliche Welt inmitten einer sonst weitgehend vom Fremdenverkehr beherrschten Urlaubslandschaft. Seine Gäste schätzen die Beschaulichkeit der über siebzig bewirtschafteten Höfe und die begeisternden Perspektiven an der Mangfall, aber auch die stillen Forste, deren Marterl bewegte Geschichten erzählen.

Doch kein Paradies ohne Schattenseiten: So hat Gmund – mit Bahnstation und zwei Schiffsanlegestellen – bedingt durch seine Lage am Schnittpunkt der B 307 und der Straße von Schliersee nach Bad Tölz die Hauptlast des starken Urlaubsverkehrs zu tragen, der den dortigen Berg als Nadelöhr des Tegernseer Tales passieren muss; leider konnte bis heute keiner der zahlreichen Entlastungsvorschläge realisiert werden.

Gmund darf wohl auf die längste Tradition aller Seegemeinden verweisen; dies verdeutlicht am besten das Alter seiner Urpfarre St. Michael (später St. Ägidius), die vermutlich schon vor der Gründung des Tegernseer Klosters existiert hatte. In ihrem Umkreis, an der Einmündung des Tegernsees in die Mangfall, waren die ersten Anwesen von »Gimunda« entstanden, in denen Bauern wie Fischer, Handwerker wie Fuhrleute zuhause waren. Weitere, außerkirchliche Spuren der bis ins 7. Jahrhundert zurückverfolgbaren Vergangenheit sind selten und zudem nicht exakt zu datieren. So versuchte schon mancher Heimatkundler vergebens, das Rätsel des Schlossberges bei Kaltenbrunn zu lösen, dessen Grundriss eher auf eine Befestigung als auf eine Wohnanlage schließen läßt. Vielleicht war das heute von Wiesenblumen besiegte Mauerwerk wirklich einst der Burgstall jener hochadeligen Familie, die das Tegernseer Kloster aus der Taufe hob? Die Schlierseer Gründungsparallele weist dieser Spekulation eine gewisse Berechtigung zu.

Nur die Gotteshäuser der Gegend lüften ein wenig den Vorhang der Geschichte und erlauben eine Retrospektive. Da ist vor allem die Pfarrkirche Gmunds zu nennen, ein wohlproportionierter Barockbau des Tessiners Lorenzo Sciasca, der auch in St. Peter und Paul zu Weyarn tätig war. St. Ägidius gilt zusammen mit der Tegernseer Abteikirche als eines der frühesten Beispiele für italienischen Barock in Bayern. Neben seinem Hochaltarblatt von Hans Georg Asam verdienen vor allem eine Madonna des 15. Jahrhunderts und das Holzrelief des Barmherzigen Samariters von Ignaz Günther besondere Beachtung. Die nachbarliche Friedhofskapelle überrascht den Kunstfreund mit einem goldschimmernden Renaissancealtar und den Pestheiligen zu Seiten einer lieblichen Madonna; das Kirchlein von St. Quirin, das an die Überführung der Reliquien des Tegernseer Klosterheiligen erinnert, überzeugt schließlich durch reichen Miesbacher Stuck und die homogene Ausstattung des 17. Jahrhunderts.

Von den kleineren Sakralbauten des Umlandes sollen nur zwei Beispiele genannt sein: Die zum Kommunalbereich Waakirchen zählende, aber von Gmund aus pfarramtlich betreute Filialkirche von Georgenried mit dem besterhaltenen gotischen Andachtsraum der Gegend, angeblich von Georg dem Jüngeren von Waldeck zusammen mit Agatha- und Frauenried in Einlösung eines Gelübdes erbaut; zum anderen die romantisch gelegene Festenbacher Kapelle, früher beliebter Treffpunkt der Haberer, die durch die wiederbelebte Tradition ihres Leonhardirittes über den heimatlichen Bereich hinaus bekannt wurde.

Im Umkreis des anmutigen Gmunder Weidelandes haben auch zahlreiche Bauernhöfe wertvolle historische Bausubstanz bewahrt, so vor allem um Dürnbach. Die wohlproportionierten Maße und Dekorationen dieser Blockbauten erlauben einen resignierenden Seitenblick auf das 20. Jahrhundert, dessen zweckorientierte Architektur ohne Zweifel auch einen großen kulturellen Verlust offenbart. Einer dieser schönen, mütterlich bergenden Einfirsthöfe, das sogenannte Kistleranwesen am Gasteig, hatte – stellvertretend für viele andere – schon im 19. Jahrhundert der modernen Zeit im allerwörtlichsten Sinne Platz machen müssen: Das bayerische Königshaus ließ ihn nach und nach einreißen, da seine Durchfahrt für die herrschaftlichen Gefährte zu eng geworden war. Bis dahin hatte jedes Fuhrwerk das »Gmunder Tor« unter seiner zur Straße quer stehenden Scheune passieren müssen.

Der Abbruch des Kistlerhofes markiert jedoch symbolisch nicht nur den Abschied von der guten alten Zeit, sondern gleichzeitig auch den Blütebeginn der Gemeinde Gmund. Erinnern wir uns: 1803 war die mächtige Benediktinerabtei Tegernsee, der Gmund über tausend Jahre lang nicht nur durch zahlreiche Klosterhöfe aufs engste verbunden war, säkularisiert worden. Die Wittelsbacher, neue Herren des Tales, hatten mit ihrem Gefolge Einzug gehalten. Sogleich begann starke Bautätigkeit, an der vor allem Gmund profitierte, da es als holzwirtschaftliches Zentrum der Sitz von Zimmerern und Baumeistern wie zum Beispiel der berühmten Reiffenstuel war. Vom Gmunder Sammelplatz aus triftete man damals auch Brennholz für die Rosenheimer Saline über die Mangfall, an deren Oberlauf auch einige heimische Mühlenbetriebe entstanden. Darüber hinaus wurde in Ostin bescheidener Lehm- und sogar Kohleabbau betrieben. Als erste Verwirklichung des damals gerade beginnenden Industriezeitalters erklärt sich die Einrichtung zweier Papierfabriken in nahen Louisenthal, deren Planung die Gmunder Uhrmacher und Erfinder Mannhardt und Deisenrieder durchführten. Zu-

Der Tegernsee mit Wallberg, Blaubergen und Hirschberg, im Vordergrund das Ufer bei Gmund

Gmund

sätzlich bescherte der Anschluss an das Telegraphen- und Eisenbahnnetz Fortschritte, denen man zunehmenden Fremdenverkehr zu verdanken hatte, der sich allerdings im Vergleich zu dem anderer Schwestergemeinden bis heute bescheiden ausnimmt.

In die stürmische Pionierzeit des 19. Jahrhunderts fiel ein Ereignis, das für das Bauerntum des Gmunder Landes und darüber hinaus für den ganzen Landkreis von ungeahnter Bedeutung sein sollte: Maxl Obermayr, Wirtssohn aus der Gmunder Taverne, machte sich auf den Weg in die Schweiz, um dort eine Herde Simmenthaler Kühe zu erwerben. Durch Kreuzung mit hiesigen Rassen entstand so unser weltweit geschätztes »Miesbacher Fleckvieh«, das sogar den russischen Zaren bei seinem Besuch derart begeisterte, dass er sich eine ganze Herde kaufte und nach Moskau treiben ließ. Nicht zuletzt durch die damals begonnene Optimierung ihres Viehbestandes, die ein früh ins Leben gerufener Zuchtverein bis heute betreibt, konnten die hiesigen Bauern mit den durchrationalisierten Großbetrieben anderer europäischer Länder Schritt halten – man wünschte, dass dies immer so bliebe.

Bodenständige und der Tradition verbundene Gmunder Bauernfamilien stellen auch einen Großteil der Mitglieder des Trachtenvereins und der Gebirgsschützen. Ihre glanzvollen Selbstdarstellungen an so vielen Festtagen ergänzen glücklich das Angebotsmosaik der Gemeinde. Einheimische wie Gäste partizipieren heute gleichermaßen nicht nur am landschaftlichen Reiz ihres Flurbereichs mit einigen der schönsten Winkel des Tegernseer Tales, sondern auch an dort gebotenen Freizeitmöglichkeiten des Wasser-, Tennis-, Reitsportes, sowie winterlicher Loipen- und Pistenvergnügen.

Hier kann jeder nach seiner Fasson selig werden, zu Berg wie zu Tal, zu Wasser wie zu Lande, in Trubel oder Einsamkeit – zu moderaten Preisen. Herz, was willst Du mehr?

Naturnahe Erholung
Die Landwirtschaft und der Fremdenverkehr prägen das Ortsbild. Von den etwa 80 landwirtschaftlichen Betrieben, bieten 44 Anwesen den Touristen »Ferien auf dem Bauernhof« an. Erholung mitten in der Natur!

Lebendige Tradition
Die Brauchtumspflege sowie das Vereinsleben haben in der Gemeinde einen sehr hohen Stellenwert. Der Trachtenverein D'Neureuter, die drei Blaskapellen, Gebirgsschützen und weitere 23 Vereine sorgen für Unterhaltung und Brauchtumspflege mit Heimatabenden und Wald- und Gartenfesten. Seit dreieinhalb Jahrzehnten wird im Juni eine Woche lang ein Volksfest mit umfangreichem Programm abgehalten.

Wassersport und Bergvergnügen
Als Ferienort bietet Gmund, was das Herz eines jeden Urlaubers nur begehren kann: Wanderungen, Bergtouren, zwei Strandbäder, Segel- und Surfschulen, Tennisplätze und Drachenfliegen, eine herrliche Seepromenade und für den Winter drei Skilifte, drei Langlaufloipen, geräumte Wanderwege und Plätze zum Schlittschuhlaufen und Eisstockschießen. Wer es beschaulicher mag, entdeckt den grün-klaren Tegernsee und das imposante Massiv des Wallbergs auf einer Bootsrundfahrt mit der weiß-blauen Seeflotte.

Königliches Ausflugsziel
Gut Kaltenbrunn, das ehemalige Mustergut des bayerischen Königshauses. Heute eine Gaststätte mit Biergarten, von dem man den herrlichen Ausblick auf den Tegernsee und die Berge genießen kann.

Hausham

8000 Einwohner, 22,28 qkm Fläche
760 m über NN

Informationen
Gemeindeamt Hausham
Rathausstraße 2
83734 Hausham
Telefon 08026 / 3909-0
Fax 08026 / 3909-24

Tourismus
5 Gasthäuser und Pensionen
26 Ferienwohnungen
3 Ferien auf dem Bauernhof
20 Gaststätten

Sehenswürdigkeiten
Kirche St. Agatha in Agatharied
Kirche St. Anton in Hausham
Bergbaumuseum im Rathaus

Feste und Veranstaltungen
Letzter Freitag im Juli: Beginn des Volksfests
15. August: Trachtenjahrtag in Agatharied

Vielleicht war es Vorahnung – der Künstler des 17. Jahrhunderts jedenfalls, der einst den linken Seitenaltar des Agatharieder Kircherls schuf, gesellte der hl. Ursula auf dem Flügelgemälde auch die hl. Barbara bei. Damals konnte er freilich noch nicht wissen, dass gerade unter ihrem Patronat Ereignisse von äußerster Wichtigkeit für das Schicksal der Gemeinde Hausham fallen würden, deren Konsequenzen ihr ländliches Gesicht zeitweise völlig verändern sollten.

Dabei hatte die Heimatgeschichte des Dorfes an der Schlierach so beschaulich begonnen. 1170 war Althausham in einer Urkunde des benachbarten Schlierseer Klosters erstmals paraphiert worden, dem die im Schutz des Vorgebirges errichteten Schwaigen auch lange Zeit weiterhin verpflichtet blieben, bis sie in spätere Abhängigkeit zur weltlichen Herrschaft Hohenwaldeck gerieten. Doch ließ es sich, wie vorher unterm Krummstab, auch unter dem Diktat der Grafen nicht schlecht im Frieden provinzieller Abgeschiedenheit leben, in der man vor allen Zeitwirren und gesellschaftlichen Veränderungen vorerst bewahrt blieb.

Damals nannte sich das bescheidene Dorf noch Agatharied, nach dem Kircherl, das Georg der Jüngere von Waldeck vermutlich auf dem Fundament einer ehemaligen Jakobskapelle in Einlösung eines Gelübdes erbaute. Aus dieser Zeit der Spätgotik stammt auch der Hochaltar mit seinen prächtigen Schnitzfiguren und realistischen Darstellungen aus dem Martyrium der Patronin. Als Agatharied 1922 endlich selbständige Pfarrei wurde, hatte seine politische Gemeinde längst ihre Eigenstellung verloren und war – auf eigenen Antrag – Ortsteil der Gemeinde Hausham geworden, deren Einwohnerzahl sich aufgrund eines mittlerweile florierenden Bergbaus stark ausgedehnt hatte. Aus dem einstmals idyllischen Bauernland war in einem Dreivierteljahrhundert ein völlig verändertes, ländliches Industriegebiet geworden.

In Miesbach hatte die Jagd nach dem so begehrten Bodenschatz begonnen. Doch 1857 entdeckte man bei Probeschürfen ein äußerst vielversprechendes Flöz auch im Haushamer Tiefenthalgraben. Schnell, aber vergeblich formierte sich bäuerlicher Widerstand, der eine strukturelle Veränderung der Landschaft befürchtete: Milch und Kohlenstaub – wie sollte dies zusammenpassen?

Industriedenkmal und Wahrzeichen der Gemeinde: der Förderturm von Hausham

Tor zu den Wintersportgebieten am Spitzingsee und Sudelfeld

Ehemalige Zeche im Wandel

Das Schicksal Haushams war stark durch die Pechkohlegrube geprägt. Während der Kriege wurde von den Bergarbeitern viel abverlangt und umso schwerer traf sie und ihre Familien die Stillegung des Bergwerks. Seither hat die Gemeinde ihr Gesicht wesentlich verändert. Hausham wurde eine moderne Industriegemeinde im Grünen mit breiter Branchenstreuung und einem starken mittelständischen Fundament.

Urlaub auf dem Bauernhof zwischen Schliersee und Tegernsee

Auch die Landwirtschaft trat seit der Stillegung wieder mehr in den Vordergrund. Zahlreiche Landwirte haben sich mit dem »Urlaub auf dem Bauernhof« eine zweite Einnahmequelle erschlossen, wobei die herrliche Landschaft zwischen Miesbach und Schliersee geradezu ideale Bedingungen bietet. Günstig angebunden sind die anderen Ferienparadiese des Landkreises, im Westen nur etwa 8 km der Tegernsee, im Süden sind es nur einige Kilometer zum Schliersee. So ist Hausham das Tor zu den Wintersportgebieten Spitzingsee und Sudelfeld. Die sprichwörtliche Haushamer Gastlichkeit machen den Aufenthalt zum Erlebnis mit hohem Erholungswert.

Agatharied: Vorbildliches Krankenhauskonzept

1998 wurde der Krankenhauskomplex Agatharied eingeweiht, eine der modernsten Kliniken Deutschlands. Diese zentrale Einrichtung ist das Kernstück einer optimal auf das Patientenwohl abgestimmten Gesundheitspolitik des Landkreises.

Hausham, der geografische Mittelpunkt des Landkreises

Das ganze ausgehende 19. Jahrhundert war nun von sozialen Spannungen zwischen den Einheimischen und den armen Arbeitsuchenden aus aller Herren Länder gezeichnet. Man muss sich einmal in die Situation der jeweils Betroffenen versetzen, um ihre Erbitterung zu verstehen: Da waren auf der einen Seite die Bauern, seit Generationen ansässig, die mitansehen mussten, wie die durch ihre Arbeit geschaffene Landschaft Stück für Stück entwertet wurde; und auf der anderen Seite die Armen, die, von wirtschaftlicher Not gezwungen, nicht einmal den Weg von Böhmen oder Italien herauf gescheut hatten, um sich den Unterhalt für ein einigermaßen menschenwürdiges Leben zu verdienen, hier aber auf eisige Ablehnung stießen. War das Bergwerk noch zu Beginn mit einer knappen Hundertschaft an Arbeitern ausgekommen, so beschäftigte man bereits zehn Jahre später schon mehrere hundert Hauer und Steiger. Zumal die Fertigstellung der Eisenbahn nach Miesbach und später Schliersee diesen Zuwanderungstrend noch verstärkte, fehlte es bald an Geschäften, der nötigen medi-zinischen Versorgung und vor allem an Wohnungen. Als alle diese Probleme in den sechziger Jahren des 20. Jahrhunderts zur Zufriedenheit gelöst waren, traf die aus wirtschaftlichen Entwicklungen heraus verfügte Stillegung der Zeche die Gemeinde Hausham wie ein Blitz aus heiterem Himmel und stürzte viele ihrer Bürger in arge Bedrängnis.

Doch kostspielige Umstrukturierungen und der unermüdliche Einsatz für die Beschäftigungslosen, die Ansiedlung mittlerer und kleiner Wirtschaftsbetriebe machten sich bald bezahlt. Mit Stolz darf man heute auf eine moderne Gemeinde blicken, deren Bürger sich als Dreingabe der Vergangenheit auch ein gerüttelt Maß an Toleranz ihren Mitmenschen gegenüber erwarben, was sich heute bei so vielen dörflichen Veranstaltungen wohltuend dokumentiert. Wachsender »sanfter« Fremdenverkehr, der Urlaub auf dem Bauernhof, die Rückbesinnung auf ein reizvolles Wandergebiet zwischen Gindelalm, Giglberg und Gunetsrain werden Hausham künftig zunehmenden Wohlstand und dem Ortsbild neue Impulse bescheren. Gerade das große sportliche Angebot, das eine Vielzahl erfolgreicher Vereine offeriert, bietet für den Aktivurlaub der Zukunft beste Voraussetzungen.

Jedenfalls sind die Haushamer in einen neuen geschichtlichen Abschnitt eingetreten, und nicht lange wird es dauern, da werden die dem Brenten geschlagenen Wunden durch die Natur verheilt sein, und nur noch die Silhouette der damaligen Fördertürme und die historischen Uniformen, die die ehemaligen Knappen noch heute bei vielen Festen voller Stolz tragen, an die Vergangenheit erinnern. Und vom Altar des Kircherls in Agatharied blickt, als sei nichts geschehen, still und bescheiden wie zuvor St. Barbara...

Holzkirchen

14 000 Einwohner, 4824 qkm Fläche
690 m über NN

Information
Marktgemeinde Holzkirchen
Marktplatz 2
83607 Holzkirchen
Telefon 08024/642325
Fax 08024/642-0
Internet: www.holzkirchen.de

Fremdenverkehr
2 Hotels
Pensionen und Ferienwohnungen
Reiterhöfe
Gasthöfe und Biergärten

Sport
Hallenbad »Batusa«, Hackensee
Wandern
Tennis, Reiten, Polo
Eislaufstadion
Langlauf

Infrastruktur
Bahnhof mit S-Bahn-Anschluss nach München
Wochenmarkt
Gemeindebücherei
Jugendfreizeitstätte JUZ
Gewerbegebiete
Kläranlage

Die aufstrebende Marktgemeinde mit etwa 14 000 Einwohnern, der durch die Gebietsreform auch die Gemeinden Föching und Hartpenning zugeordnet wurden, darf heute das schnellste Wachstum aller Miesbacher Kommunen für sich reklamieren. Dies ist wohl auf die verkehrsgünstige Lage an der Autobahn München-Salzburg, aber auch auf ihre Funktion als Eisenbahnknotenpunkt und S-Bahn-Station zurückzuführen. Durch ein expandierendes Industriegebiet und weiteren beachtlichen Attributen wie Sportanlagen, Hallenbad, Eissportplatz konnte sich Holzkirchen in den letzten Jahren zunehmend profilieren. Etwa fünfzig Vereine sorgen in der Gemeinde für den nötigen Zusammenhalt und ermöglichen ihren Bürgern sinnvolle Freizeitbetätigungen; das Arbeitsplatzangebot verdankt man einer Reihe kleinerer und mittelgroßer technischer Betriebe, aber auch einer Brauerei mit Tradition.

Lediglich die Bewohner der Peripherie verdienen noch vorwiegend ihr Brot in der Landwirtschaft. Zunehmende Verstädterung in Baudichte und Stil – bedingt durch Sozialstruktur und hohe Baulandpreise – lassen allerdings einen Verlust an charakteristischem Lokalkolorit befürchten. Dass diese Veränderungen des Ortsbildes sich im übertragenen Sinn nicht auch in der Gesinnung seiner Bürger bemerkbar machen, dafür sorgen jedoch eine Reihe heimatverbundener Institutionen, deren Reservoir naturgemäß das umgebende bäuerliche Kulturland darstellt.

Den Beginn der geschichtlichen Entwicklung dieser Gegend markieren in Heignkam entdeckte Kupferbarren der Bronzezeit, Beleg für alte Handelsbeziehungen mit dem Pongau. Nach der Eroberung Rhätiens durch die Römer verlief die Reichsstraße von Salzburg nach Augsburg in unmittelbarer Nähe Holzkirchens durch den Hofoldinger Forst. Während schon das Laurentiuspatrozinium der mehrmals umgebauten Pfarr-

Altes und Neues Rathaus

kirche auf frühchristliche Missionstätigkeit hindeutet, gibt es auch Anhaltspunkte für die Existenz eines ausgedehnten Reichs- oder Königshofes im 9. Jahrhundert. Erst um 1017 ist ein urkundlicher Vermerk im Güterverzeichnis des Tegernseer Klosters gesichert. Der dabei auftauchende Terminus Holzchiricha beschreibt dabei offensichtlich den Standpunkt der Laurentiuskirche mitten im Wald. Dem Kloster Tegernsee, das die Gemeinde bereits 1286 als Markt erwähnt und ihr im 15. Jahrhundert bereits eine erste Schule einrichtet, ist man über Jahrhunderte zinslich verpflichtet.

Der an chronischem Wassermangel leidende Ort, dem erst die Bohrung eines Tiefbrunnens eine ausreichende Wasserversorgung sicherte, musste – das war Schicksal im Holzlande – eine Reihe fürchterlicher Brände über sich ergehen lassen. Da seine Häuser bis ins 19. Jahrhundert aus Holz errichtet wurden, sind auch die Reste geschichtlicher Bausubstanz dementsprechend spärlich. Kein Wunder, dass dem stets finanziell ausgebluteten Holzkirchen auch der Anschluss an die Salzstraße nicht wieder auf die Beine half. Erst die Inbetriebnahme der Eisenbahnverbindung mit München bescherte ihm einen Zuwanderungsschub und deutliche Einkommensverbesserung.

Noch heute erzählen die Straßennamen Holzkirchens von der Beschaulichkeit längst vergangener Zeiten: da beschwört etwa die Hafnerstraße das Bild des alten Marktes mit seinen Nebenstraßen, die den einzelnen Berufen zugeordnet waren: den Töpfern, Seilern, Färbern und Kistlern; und die Säggasse illustriert die frühere Bedeutung des Ortes als Holzverarbeitungs- und Handelsplatz. Hier fand auch jedes Jahr der berühmte Schlenklmarkt zur Einstellung von Dienstboten statt. Bis 1939 konnte sich als Relikt der guten alten Zeit sogar der Anachronismus einer Cariol-Postkutschenverbindung nach Dietramszell behaupten, deren nostalgisches Flair auch Reichspräsident von Hindenburg während seiner Dietramszeller Urlaubsaufenthalte überaus zu schätzen wußte.

Reizvolles Äquivalent für das städtische Gesicht der Marktgemeinde stellt ihr relativ dünn besiedeltes Umland dar. Zahlreiche Kapellen und Filialkircherl der Gegend markieren idyllische Einödhöfe und Weiler, in denen es noch herrliche alte Bauernhäuser des 17. und 18. Jahrhunderts in charakteristischer Blockbauweise zu entdecken gibt. Da wären zum Beispiel das hübsche Sufferloh, dessen Namen noch von römischem Klang beseelt ist, Fellach, Roggersdorf, Marschall mit ihren Kircherln oder Alt-Erlkam mit seinem Kapellchen am pittoresken Weiher. Und natürlich das pferdereiche Thann, dessen St.-Ulrich-Kircherl sich dekorativ auf einem Moränenbuckel über die Ebene erhebt.

Als besonders malerisch und zudem geschichtsträchtig darf das Flurgebiet des eingemeindeten Hartpenning gelten, das – wenn die Überlieferung recht hat – mit dem Cosmas-und-Damian-Kircherl das älteste der Gegend besitzt und bereits 795 urkundlich erwähnt wird. Schon wenig später finden wir die Pfarre als Tegernseer Besitz, die die Filialen Holzkirchen, Sachsenkam, Piesenkam, Sufferloh und Thann betreut. Erst mit der Erhebung Holzkirchens 1855 zur Pfarrei fiel Hartpenning wieder in die Bescheidenheit eines kleinen Dörfchens zurück. An einem Frühsommer- oder Spätherbsttag, wenn der nahe Hackensee ungestört in Waldesruhe schlummert, wird das sympathische Dörfchen inmitten der bunten Buckelwiesen zum idealen Ausgangspunkt beschaulicher Wanderungen mit genüsslichem Weißbierfinale.

Im Schatten des aufstrebenden Marktes Holzkirchen hat sich auch das eingemeindete Kirchdorf Föching seinen altbaierischen Dornröschenschlaf bewahrt. Obwohl bereits 817 genannt, taucht sein Name bis zum 17. Jahrhundert nur selten in den Archiven

Kleinhartpenning

auf. Seine Bürger hatten in den Zeitwirren großes Elend zu erdulden, denn die ungeschützte Lage des Dorfes im Durchzugsgebiet der Ebene forderte das Schicksal geradezu heraus.

Doch stets empfahlen sich die Föchinger in ihrer Not der Schmerzhaften Mutter Gottes, ihrem Gnadenbild, dessen Geschichte so rührend ist, dass sie unbedingt erzählt werden sollte: 1640 – schreibt der Pfarrchronist aus Weyarn – habe ein Münchener Handwerker aus den Mauern einer abgebrochenen Ettaler Kirche ein Madonnenbildnis geborgen und mit nach Hause genommen. Die Figur sei dann in den Besitz der frommen Föchinger Bürgerin Elisabeth Jäger gelangt. Diese Frau, die aufgrund einer früheren Schulterverletzung ihren Arm nicht mehr erheben konnte, habe nun an sich das erste der vielen tausend Wunder des Gnadenbildes erleben dürfen; denn als sie es liebevoll ankleidete, hatte sie plötzlich wieder »den vollkommen Gebrauch des Armes« und ward geheilt. Wie ein Lauffeuer verbreitete sich die Nachricht unter ihren Freunden und Bekannten. Und bald glich die Münchener Wohnung der frommen Witwe einer Wallfahrtskapelle, in der Litaneien gesungen und zum Zeichen der Dankbarkeit Bilder, Kerzen und Kleidungsstücke als Opfergaben abgelegt wurden. Es dauerte nicht lange, bis sich das Freisinger Ordinariat einschaltete, das Mirakelbild sicherstellte und in die Frauenkirche bringen ließ, um die Echtheit der berichteten Wunder zu überprüfen. Doch unbeirrt wuchs die Schar der Gläubigen, die nunmehr in den Dom pilgerten, weiter an. Da erinnerte sich Elisabeth Jäger daran, dass ihr Heimatort vor Jahren ein Gnadenbild bei einem Kirchenbrand verloren hatte, und sie schenkte deshalb die Marienfigur der Gemeinde Föching. Auch Kurfürst Maximilian I. erklärte sich damit einverstanden, zumal der Wittelsbacher wie auch seine zweite Gemahlin Maria-Anna von Österreich von solch inniger Marienliebe beseelt war, dass er mit eigenem Blut sich handschriftlich der Altöttinger Madonna anempfohl, und die Kurfürstin während ihrer Entbindung den »Mariengürtel« aus dem Kloster Andechs um ihren Leib trug. Freudig empfingen die beiden zum Abschied das Bildnis in der Münchener Residenz, um es prächtig einzukleiden und ließen es auf einem Prunkwagen 1648 zu Mariä Himmelfahrt nach Föching bringen. Während der feierlichen Überführung des Gnadenbildes geschieht dann das Unfassbare: Das lahme Töchterchen eines Lochhamer Pilgers erhält wunderbare Hilfe. Die Kunde davon erreicht Föching noch schneller als die Madonna selbst. So wurde der Tag ihrer Exposition bereits zum ersten Tag einer ungemein

Wirtschaftswachstum und Arbeitsplätze

Verkehrsgünstig an der Autobahn München-Salzburg gelegen, Eisenbahnknotenpunkt und Endstation der S-Bahn aus München, ist die Gemeinde Holzkirchen schnell gewachsen. 1978 wurde das Gewerbegebiet ausgewiesen. Mit einer Größe von 24 ha ist es eines der größten des Landkreises. Holzkirchen hat mit der Schaffung dieses Areals eine kostenintensive städtebauliche Maßnahme realisiert, die zu einer schnellen und weiterhin wachsenden Ansiedlung von Industrie, Handel und Handwerk geführt hat. Viele Bürger haben so einen Arbeitsplatz direkt vor ihrer Haustür gefunden. Weitere Arbeitsplätze werden in den nächsten Jahren noch entstehen.

Handel, Handwerk, Dienstleistungen

Nicht nur auf der grünen Wiese sind zahlreiche Einkaufsmöglichkeiten entstanden, auch im Stadtzentrum finden sich vielfältige und attraktive Ladengeschäfte, Handwerker und verschiedene Dienstleistungsunternehmen.

Vielseitige Infrastruktur

Die Gemeinde und die Kirchen bieten eine Vielzahl sozialer Einrichtungen, Kindergärten, verschiedene Schultypen, Altenheime, Jugendfreizeitstätten und eine Bücherei. Das große Kursangebot der Volkshochschule wird zu Beginn des Wintersemesters im September durch ein Lernfest eingeleitet, das allen Bürgern offensteht, mit Bands, Informationsveranstaltungen und einem Internetcafé.

Spiel, Sport und Freizeit

Holzkirchen hat eine Reihe von Sport-, Musik- und Trachtenvereinen. Freizeitspaß bietet das Hallenbad »Batusa« mit Schwimmbecken, Kinderplanschbecken, einem Warmwasser-Massagebecken im Freien und Solarium. Außerdem unterhält die Gemeinde ein Eislaufstadion.

Großhartpenning und Hackensee

Der Süden Holzkirchens lädt zur Erkundung der Natur ein. Ein Badeparadies ist der Hackensee. Im Winter werden Loipen gespurt und der See wird zum Eldorado für Eisstockschießer und Eisläufer.

populären Wallfahrt. Der Zulauf der Gläubigen war an manchen Festtagen so groß, dass im Freien nicht nur das Meßopfer gefeiert, sondern auch die Beichte gehört werden musste. Die 100- und spätere 200-Jahrfeier der Übertragung des Madonnenbildnisses gerieten zu Höhepunkten der Wallfahrtsepoche. Auf dem Kirmaier-Anger hatte man Altäre errichtet, gewundene Fichtengirlanden zierten alle dörflichen Wege. Während der Hochämter leisteten 17 Priester Aushilfe, um Tausenden von Wallfahrern die Kommunion zu spenden.

Es ist schon ein ganz merkwürdiges Erlebnis, wenn man heute an einem Werktag nach Föching fährt, um das Gnadenbild zu besuchen. Niemand kniet mehr in der stillen Kirche, auf dem Hochaltar steht Maria einsam in ihrem Schmerz. Draußen, nur wenige hundert Meter entfernt, bewegt sich auf der Autobahn unterdessen dichter Verkehr. Dem Zeitgenossen der Industriegesellschaft, dessen Hochmut alles Geheimnisvolle für entschleiert hält, ist die kindliche Bereitschaft, ein Wunder an sich selbst zu erfahren, abhanden gekommen – die Zeit der Wallfahrten nach Föching ist wohl endgültig vorbei.

Holzkirchner Bahnhof

Irschenberg

2860 Einwohner, 54 qkm Fläche,
730m über NN

Information
Gemeindeamt Irschenberg
Kirchplatz 2
83737 Irschenberg
Telefon 08062/7039-0
Fax 08062/703970

Tourismus
1 Rasthaus und Motel
4 Hotels
5 Gasthöfe
Privatzimmer und Ferienwohnungen
»Urlaub auf dem Bauernhof«

Sport und Spiel
Sport- und Tennisplätze
Wandern, Radfahren, Langlaufen
Kinderspielplätze

Sehenswürdigkeiten
Wallfahrtskirche Wilparting
Allerheiligenkapelle in Reichersdorf
Kirchen in Niklasreuth, Irschenberg, Reichersdorf und Frauenried

Feste und Veranstaltungen
Mitte Juni: Johannifeier auf der Aussicht
2. Sonntag im Oktober: Leonhardifahrt in Reichersdorf
15. November: Mareistag in Wilparting

Ausflüge
Mit der Seil- oder Zahnradbahn auf den Wendelstein
Bootsfahrten auf dem Schliersee, dem Tegernsee oder dem Chiemsee
Besuch der Landeshauptstadt München
Besuch der Mozartstadt Salzburg

Am höchsten und damit dem attraktivsten Punkt der Autobahn München-Salzburg gelegen, bietet sich von der Gemeinde Irschenberg aus ein unvergleichlicher Rundblick auf das tiefer gelegene Inntal und den unteren Mangfallgau im Norden, sowie auf die Alpenkette, von den Berchtesgadener bis hinüber zu den Isarwinkler Bergen. Man kann den Irschenberglern deshalb nicht verübeln, dass sie gerne auf das Miesbacher Land herabschauen – was natürlich rein wörtlich und nicht im übertragenen Sinn gemeint ist. Über 130 Kirchtürme soll man von dort oben zählen können, darunter auch jene von Niklasreuth, Wilparting und Reichersdorf, die dem eigenen Gemeindegebiet angehören.

Es darf auch – wenn man von einigen kommerziellen Bauvorhaben im Norden und der nahen Autobahn absieht – behauptet werden, dass gerade dieser unberührte Landstrich sich vielleicht die unversehrtesten Bilder des Mangfallgaues bewahrt hat. Ähnlich idyllisch sind das Leitzachtal und die Wies. Der Pflege dieser Unversehrtheit und der Tradition läßt sich eine Reihe von Vereinen angelegen sein.

Noch immer ist fast ein Drittel der Irschenberger Bevölkerung ausschließlich in der Landwirtschaft tätig. Doch »sanfter« Fremdenverkehr nimmt stetig zu: denn neben der großen Anzahl an ermüdeten Tagesgästen des Autobahndurchreiseverkehrs entdecken nun auch Dauerurlauber den Reiz dieses idyllischen Erholungsgebietes, dessen schöne und zentrale Lage sich bestens für einen aktiven Urlaub mit Ausflügen in alle Himmelsrichtungen eignet. Durch das Caritas-Kinderdorf erfährt der Ort noch zusätzliche kulturelle Impulse.

Wegen seiner beherrschenden strategischen Position war der Irschenberg bereits in der Römerzeit Militärstützpunkt gewesen. Auf diese Zeit geht offensichtlich auch sein Name zurück, in dem Sprachwissenschaftler das lateinische *ursus*, gleich Bär, erkennen wollen. Die Römer waren freilich nur den Kelten gefolgt; wenn man Max Spindler glauben darf, wurde noch um die Jahrtausendwende unter Irschenberger Bäumen geweissagt – Relikt eines keltischen Kultes.

Nach dem Zusammenbruch des römischen Reiches und den Wirren der Völkerwanderungszeit geriet der Flurbezirk über dem nahen Chiemgau ins Zentrum der Christianisierung Oberbayerns, das bajuwarische Wandersippen in Besitz genommen hatten. Hier wirkten vor allem Wandermönche der Diaspora, die die Frohbotschaft des Herrn verbreiteten.

In Wilparting wohnten auch – so will es die Überlieferung – zwei iro-schottische Priester, Marinus und Anian, die von Papst Eugen I. die Erlaubnis erhalten hatten, hier missionierend tätig zu sein. Über vierzig Jahre lang predigten sie am Irschenberg und sind dort auch begraben. Von einfallenden Slawen soll Marinus im Jahre 697 auf dem Scheiterhaufen verbrannt worden sein – darauf nimmt auch das Irschenberger Gemeindewappen Bezug –, während Anian zur selben Zeit in seiner Einsiedelei zu Alb an Altersschwäche gestorben sei. Obgleich von Rom niemals heiliggesprochen, werden die beiden vom Volk bis heute als Heilige verehrt. Den Eremiten, deren Taufnamen früher im Landkreis weit verbreitet waren, empfahl man sich in allen Nöten – oft mit Erfolg. Deshalb hat sich die dankbare Bevölkerung Irschenbergs auch intensiv darum bemüht, die Heiligsprechung ihrer Missionare beim Vatikan noch nachträglich zu erwirken. Vor dem Zweiten Weltkrieg erfolgte eine Petition in Rom, die Kanonisierung einzuleiten. Sogar ein nicht unbeträchtlicher Geldbetrag sei hierfür bereitgestellt worden, erzählte der damalige Pfarrer. Doch die Prozedur gestaltete sich als zu langwierig und schließlich konnte man einer zweiten Geldforderung nach dem Krieg nicht mehr nachkommen. Einmal ganz

Irschenberg

abgesehen davon, dass sich zur Heiligsprechung erforderliche »Beweise« nach so vielen Jahrhunderten ohnehin kaum mehr erbringen lassen, machte die vom Vatikan beschlossene Straffung des Heiligenkalenders den frommen Wunsch unerfüllbar. Jedes Jahr am 15. November, dem Patroziniumstag der Wilpartinger Kirche, werden Marinus und Anian auch so von Herzen gefeiert.

Diese Tradition macht das Wilpartinger Gotteshaus zu einer der ältesten Glaubensstätten der Erzdiözese München-Freising. In der großen Marmortumba sollen die Gebeine der Missionare bestattet sein, um die die Irschenberger mit den Benediktinern des Klosters Rott am Inn einen jahrzehntelangen Reliquienstreit führten.

Beim Moar neben der Kirche kann man den Schlüssel zur Besichtigung des Gotteshauses erbitten, das im Jahre 1724 seine barocke Form und das glänzende Deckenfresko des Zimmermann-Schülers Martin Heigl erhielt. Die kleine runde Kapelle nebendran, die sicherlich auf den Fundamenten eines frühchristlichen Baptisteriums ruht, birgt außer einem bewegenden Kruzifix eine wahrhaft köstliche Altardarstellung: von Marinus und Anian verständnisvoll in die Mitte genommen, siedet im Kessel über brennenden Scheiten verzückt der Heilige Vitus.

Ebenso außergewöhnlich wie das Innere der beiden Kirchen ist ihre Lage in der bis hinüber zum Wendelstein gestaffelten Landschaft ohne jeglichen disharmonischen Akzent – zweifellos eine der schönsten Perspektiven unserer Heimat. Als einst die Autobahn gebaut wurde, sah der ursprüngliche Plan eine Trassenführung im Süden der Sakralbauten vor. Dies wurde jedoch Gott sei Dank verhindert.

Neben dem Glanz dieses bezaubernd gelegenen Heiligtums verblasst bei aller Bedeutung die Irschenberger Pfarrkirche. Auf ihren Bau jedenfalls führt »Ursenperig«

Rundblick auf die Alpenkette
Der höchste Punkt der Gemeinde, etwa 750 m über NN, bietet einen unvergeßlichen Rundblick auf die Alpenkette von den Bayrischzeller, Schlierseer, Tegernseer und Berchtesgadener Bergen bis zum Kaisergebirge in Tirol. Auch von der Autobahn aus über die idyllisch gelegene Kirche von Wilparting hinweg ist dieser Blick beeindruckend. Diese bezaubernde Perspektive wird auch nicht beeinträchtigt durch die erweiterte Autobahnraststätte und das Drive-In eines Schnell-Restaurants.

Erst Rast oder Transitübernachtung – dann Urlaub in Irschenberg
Als 1950 das Autobahnrasthaus gebaut wurde, hatten die einheimischen Gastwirte große Bedenken, ihre Umsätze könnten zurückgehen. Doch es kam ganz anders. Irschenberg erwachte aus seinem »Dornröschenschlaf«. Die Gemeinde profitierte durch die Einnahmen aus der Gewerbe- und Getränkesteuer, und der Fremdenverkehr nahm seinen Aufschwung. Mancher Urlauber hat schon in Irschenberg angehalten, um eine Rast einzulegen – und ist dann als Dauergast geblieben.

Freundliche Bauerngemeinde mit unberührtem Hinterland
Irschenberg kennt keinen Rummel und keine Hektik und hat sich seiner Schönheit verpflichtet. Hübsche Hotels und Gasthöfe, preiswerte Privatquartiere und »Urlaub auf dem Bauernhof« heißen ihre Gäste willkommen. Das Leben in Irschenberg ist ländlich, die unberührte Natur bietet mannigfache Erholungsmöglickeiten. Viele sehenswerte Ziele sind schnell erreichbar.

Blick vom Irschenberg auf die Schlierseer Berge

1315 seine erste urkundliche Erwähnung zurück. Doch wenig erinnert noch – bedingt durch einen Brand – an ihre Herrlichkeit früherer Tage, als sie Dekanatssitz über dreiundzwanzig, darunter auch drei Tiroler Pfarreien war. Doch die exponierte Lage ist dieselbe geblieben; ihr verdankt das Dorf auch heute noch seinen architektonischen Reiz.

Ähnliches gilt übrigens für alle eingemeindeten Dörfer Irschenbergs: Meist beziehen sie ihr bescheidenes Weichbild auf ein zentral gelegenes Gotteshaus, um das sich nur wenige Anwesen gruppieren, während die Mehrzahl der Höfe dezentral weitab liegt. Beispiele für solche »Kapellendörfchen« sind Alb, Pfaffing, Oberhasling, aber auch Frauenried mit seinem gotischen Gotteshaus.

Vor allem Niklasreuth im Süden und Reichersdorf im Nordwesten haben einen Besuch in vielerlei Hinsicht verdient: Niklasreuth, am Nordhang des Auerberges gelegen, blickt direkt hinüber nach Irschenberg, zu dessen Gemeinde es seit 1978 gehört. Dazwischen erstreckt sich ein durch Einödhöfe und Waldeinsprengsel reizvoll gegliedertes Feuchtgebiet. Anno 1315 tritt das kleine Dorf erstmals ins Licht der Heimatgeschichte.

Seinen Namen verdankt es der hübschen Filialkirche, die allein schon eine Anfahrt wert ist: Ihre »Stangerlsitzerheiligen« gehören zum Feinsten, was das 18. Jahrhundert an Schnitzkunst zu bieten hat; die Anmut der zierlichen hl. Familie zum Beispiel sucht in ganz Oberbayern ihresgleichen.

Reichersdorf erfreut den Kunstsinnigen mit nicht weniger bemerkenswerten Schätzen: seine dominierende St.-Leonhards-Kirche der Spätgotik birgt neben einigen Figuren der Günther-Schule auch drei Statuen aus der Hand Erasmus Grassers, der ebenfalls den kleinen St.-Achatius-Flügelaltar gestaltete.

Einmal im Jahr überlässt die liebliche

Madonna auf dem Hochaltar dem verehrten Kirchenpatron ihre Fluren zum farbstarken Fest: Dann versammeln sich die Bauern von Otterfing bis Irschenberg zur Leonhardifahrt, einer der echtesten im Lande, da sie bis heute von allen Fremdeinflüssen verschont blieb – ein Ritual, das besonders eindrucksvoll im Herbstnebel Urerinnerungen an das Dunkel der Zeiten beschwört. Davon erzählt auch die dekorative Allerheiligenkapelle, an der sich der Festzug der Pferdegespanne vorbeibewegt. Sie wurde als Taufkircherl auf den Fundamenten eines unterirdischen, vorchristlichen Quellheiligtums errichtet. Einmal mehr hatte hier das Kreuz die alten Götter besiegt.

Kreuth

3655 Einwohner, 122 qkm Fläche
800 bis 1800 m über NN

Informationen
Gemeinde Kreuth
Nördliche Hauptstr. 14
83708 Kreuth
Telefon 08029 / 18-0
Fax 08029 / 18-41
Internet: www.kreuth.de
e-mail: rathaus@kreuth.de
Kurverwaltung
gleiche Adresse
Telefon 08029 / 18-19
Fax 08029 / 18-28
e-mail: info@kreuth.de

Fremdenverkehr
1583 Gästebetten, 3 Hotels, 23 Gästehäuser
117 Privatvermieter
Jugendherberge. Campingplatz
Feriendialysestation, 3 Kurkliniken
31 Gaststätten/Restaurants
Warmfreibad
120 km Spazier-, Fahrrad- und Wanderwege
29 km Langlaufloipen, 5 Skilifte,
2 Rodelbahnen

Sehenswürdigkeiten
Gotische Pfarrkirche St. Leonhard, erbaut 1491
Kirche Maria im Walde in Glashütte, erbaut 1599

Feste und Veranstaltungen
Anfang Juli: Internationales Oleg-Kagan-Musikfest
Juli/ August: Trachten- und Waldfeste
6. November: Leonhardifahrt

Ausflugsziele
Zahlreiche Wanderwege in die Kreuther Berge von 800 bis auf 1800 m
Weissachau-Naturschutzgebiet

Mit einem Flurareal von 120 Quadratkilometern zwischen Ringsee und Glashütte, darunter vorwiegend Forstgebieten und almenreichem Bergland, stellt die Gemeinde Kreuth für die vom Fremdenverkehr voll belegten nachbarlichen Gemeinden des Tegernseer Tales bereits eine Art Naherholungsgebiet dar. An dessen Südende kurz vor der Tiroler Grenze gelegen, begeistert sie ihre Gäste – ähnlich wie Gmund – durch weitgehend unversehrtes bäuerliches Kulturland. Darüber hinaus bietet sie aber auch schier unerschöpfliche Möglichkeiten zu Wanderungen und Bergtouren rund um das Auland der Weißach zwischen der Wallbergflanke, dem Hirschberg, dem Leonhardstein und dem anschließenden Blaubergmassiv.

Die Originalität des Kreuther Brauchtums, das von zwei Trachtenvereinen mit Hingabe gepflegt wird, ist in ganz Oberbayern berühmt. Palmtragen, Johannifeuer,

Hl. Kreuz-Kircherl in Wildbad Kreuth

Erholung in würziger Bergluft – Kreuth mit dem markanten Leonhardstein

Almkirta: hier ist eben alles noch lebendig, was anderswo in Oberbayern schon längst der Vergangenheit angehört. Dennoch verfügt Kreuth mit einer Fülle attraktiver Erholungs- und Sportmöglichkeiten über das moderne Gesicht eines sich profilierenden Luftkurortes.

Mönche des Tegernseer Klosters hatten einst den undurchdringlichen Wald in Kreuth zu roden begonnen; darauf führt die Gemeinde auch ihren Namen zurück. Die Benediktiner waren es auch, die hier 1184 eine Steinkirche errichten ließen. St. Leonhard erfuhr aber erst durch einen Umbau im Jahre 1490 seine heutige Gestalt. Zu dem schlichten weißgekalkten Mauerwerk mit ordnender Netzgratstruktur setzt eine Komposition bewegter Schnitzfiguren aus dem 16. Jahrhunderts goldene Akzente, die dem schmalen Kirchenschiff seinen feierlichen Ernst verleihen. Bedeutung sichert diesem Gotteshaus allerdings nicht sein eher bescheidener kunsthistorischer Stellenwert, sondern die Tradition seines Patroziniumsfestes am 6. November, das Dutzende prächtiger Pferdegespanne zur Leonhardifahrt versammelt. Trotz eines vorübergehenden Verbotes nach der Säkularisation konnte sich der Brauch dieses glänzenden Bauernfesttages ungebrochen bis heute bewahren. Eine erste urkundliche Erwähnung im Jahre 1469 macht diese Leonhardifahrt zur ältesten Bayerns.

Das Hl.-Kreuz-Kircherl von Wildbad Kreuth, dessen ausdrucksstarke Kreuzigungsgruppe mit echtem Menschenhaar ohne Beispiel ist, verdankt ihre grazilen Maße einem Neubau im Jahre 1706. Bereits seit dem 16. Jahrhundert hatte dort eine Kapelle bestanden, neben der ein einfaches Badehaus Mönchen die Nutzung der nahen, heilkräftigen Mineralquelle gestattete, die den Raiblerschichten des Kalkalpins am Fuße des Hohlensteins entspringt. Sie ist vor allem durch ihren Magnesium-, Kalzium- und Sulfidgehalt charakterisiert.

1818 wurde das Bad vom bayerischen Königshaus erworben und großzügig ausgestattet. Höchstwahrscheinlich gestaltete den Biedermeier-Flachbau der Architekt von Klenze, der schon das ehemalige Klostergebäude in Tegernsee zur Sommerresidenz umfunktioniert hatte. Das Versprechen von Max I. Joseph, hier zum Dank für seine Vergnügungen am Tegernsee auch etwas für die leidende Menschheit zu tun, wurde in die Tat umgesetzt: So wohnten zweimal im Jahr, während der Vor- und Nachsaison, auch arme »Freibadler« in den vornehmen Zimmern, in denen vorher Adelige und begüterte Bürger zu Gast waren. In Wildbad Kreuth nahmen unter anderem Kaiser Nikolaus I. von Rußland mit seiner Gemahlin, später auch Kaiserin Sisi mit ihrem Gatten Franz Joseph, ihre Kuraufenthalte.

Leider brach im Jahre 1971 ein Brand die Tradition des herzoglichen Sanatoriums, das nun der CSU-nahen Hanns-Seidel-Stiftung als Schulungszentrum dient. Unter der neuen Regie riß der Strom prominenter Besucher nicht ab; wie schon im 19. Jahrhundert pflegen auch heute namhafte Persönlichkeiten ins Gespräch vertieft nach Siebenhütten zu promenieren und sich dort am Felsenzirkus der Wolfsschlucht erschaudernd zu ergötzen...

Mit ihrem ausgedehnten Kurbetrieb hatte das königliche Mineral- und Molkebad eigentlich den Grundstein für den Fremdenverkehr des Tegernseer Tales gelegt; bereits 1820 war dorthin eine Postverbindung eingerichtet worden. Die Inbetriebnahme der Eisenbahn nach Gmund und Tegernsee verstärkte das nun einsetzende Besucherinteresse.

Glücklicherweise aber wurde die Projektierung einer Gleisstrecke nach Kreuth nie verwirklicht. Denn auch ohne Schiene gestaltete sich das spätere Verkehrsaufkommen noch lebhaft genug. Während das Bad

Das Freibad von Kreuth

also einerseits zur Wiege des Fremdenverkehrs geriet, wurde am selben Ort aus der Freundschaft von Herzog Ludwig Wilhelm in Bayern mit dem Kiem Pauli die Einsicht geboren, dass es nötig sei, das heimische Volkstum, seine Bräuche und Künste zu schützen. Auf dem Kreuther Friedhof liegt der Pauli begraben, dessen Sternfahrten von hier ins bayerische Oberland die Renaissance des Volksliedes eingeleitet hatten. Noch heute pflegen viele einheimische Sänger und Musikanten mit ganzem Herzen diese Musik.

Bis 1320, als Herzog Heinrich von Tirol einst den Weg hinüber ins Achental hatte einrichten lassen, lebte man hier völlig isoliert. Auch später wurde die Grenzstraße eigentlich fast nur von Fugger'schen Bediensteten, die ihr in Schwaz geschürftes Silber und in Hall geschöpftes Salz auf dem schnellsten Wege nach Bayern schafften, benutzt. Dies jedoch sollte sich im Lauf der Jahrhunderte ändern: Heute ist sie als die kürzeste Verbindungsstrecke zwischen München und Innsbruck ein vielbefahrener Pass.

Nicht nur verkehrstechnische Probleme führten 1976 dazu, dass sich die Nachbargemeinden von Kreuth und Achenkirch zur ersten Grenzlandpartnerschaft zwischen Bayern und Österreich zusammenfanden. Seit damals wird miteinander diskutiert und auch gefeiert. Vergessen sind die bewaffneten Auseinandersetzungen des Spanischen und Österreichischen Erbfolgekrieges, als sich die Tiroler in Kreuth nicht nur manche Beute, sondern auch blutige Köpfe holten. Vergessen sind auch die listigen Versuche früherer Tage, sich im Niemandsland Vorteile zu verschaffen. Deshalb hatte man schon im Jahre 1557 eine saubere Grenze über den Reitstein gezogen; daran erinnert

Prädikat »Heilklimatischer Kurort«
1971 wurde Kreuth das seltene Prädikat »Heilklimatischer Kurort« wegen seiner besonderen Luftströmung, die dem Talbewohner ein medizinisch begründetes Wohlbefinden bringt, und nicht zuletzt in Anerkennung seiner Bedeutung und Verdienste für den erholungssuchenden Gast verliehen.

Oleg-Kagan-Musikfestival
Im Jahr 1818 ließ König Max I. in Wildbad Kreuth eine Badeanstalt errichten. Heute dienen diese Gebäude der CSU-nahen Hanns-Seidel-Stiftung als Bildungsstätte und bilden den Rahmen von kulturell hochrangigen Veranstaltungen. Höhepunkt ist alljährlich in den ersten beiden Juliwochen das internationale Oleg-Kagan-Musikfestival, bei dem Künstler aus aller Welt klassische Musik zur Aufführung bringen.

Sport und Erholung im Dreiklang von Bergen, Seen und Wäldern
Kreuth begeistert seine Gäste durch das nahezu unerschöpfliche Angebot an Wandermöglichkeiten und Bergtouren rund um das Auland der Weißach zwischen Wallbergflanke, Hirschberg, Leonhardstein und dem Blaubergmassiv. Auch Radfahrer kommen auf zahlreichen Radwegen und Bergstraßen nicht zu kurz. An heißen Sommertagen bietet der Tegernsee eine angenehme Abkühlung in der Bucht des Kreuther Ringsees. Auch im Winter hat Kreuth ein vielfältiges Freizeitangebot: 60 km geräumte Wanderwege, 29 km Langlaufloipen, 5 Skilifte, 2 Rodelbahnen, ein Eisplatz und Pferdeschlittenfahrten durch die verschneite Landschaft laden zu winterlichen Vergnügungen ein.

noch heute ein sehenswerter Grenzstein mit Wittelsbach'schem Wappen und dem Tiroler Adler.

Glashütte, nahe an der Tiroler Grenze gelegen, beschenkt jeden Reisenden mit seiner landschaftlichen Köstlichkeit. Trotz der Verheißungen des nahen Tiroler Schwammerlparadieses in Steinberg empfiehlt es sich deshalb, eine kleine Verschnaufpause einzulegen, zum einen wegen der netten Gastwirtschaft und zum andern wegen der Kapelle Maria im Wald, die sich der letzten lebhaften Bautätigkeit des Tegernseer Klosters im Barock verdankt. Dort entzückt eine reizende Innenausstattung mit zierlichem Altar und zwei prächtigen Schnitzmadonnen den kunstsinnigen Betrachter.

Maria Heimsuchung in Glashütte

Miesbach

11000 Einwohner, 32,4 qkm Fläche,
680 m bis 925 m über NN

Informationen
Kultur- und Fremdenverkehrsamt
im Kulturzentrum Waitzinger Keller
Schlierseer Straße 16
83714 Miesbach
Telefon 08025 / 7000-0
Fax 08025 / 7000-11
Internet: www.miesbach.de
e-Mail: info@waitzinger-keller.de

Tourismus
4-Sterne Konferenz- und Sporthotel
Hotels, Gasthöfe, Pensionen und Privatvermieter
»Urlaub auf dem Bauernhof«
Hervorragende Gastronomie mit internationaler Küche
Kulturzentrum Waitzinger Keller
Sport- und Fitnesspark
Funcourt-Anlage, Reitanlage, Schießanlage, Tennisplätze
Wander- und Radwege
Warmfreibad, Eissporthalle, Langlaufloipen

Stadt der Märkte
Jeden Donnerstag Grüner Markt, 4 Jahrmärkte,
Keramik- und Kunsthandwerkermarkt,
Oberbayerischer Traditions- und Trachtenmarkt,
Zuchtviehmärkte in der Oberlandhalle

Sehenswürdigkeiten:
Ensemblegeschützte Altstadt mit einem der höchsten Maibäume Bayerns

Feste, Veranstaltungen
Attraktives Kulturprogramm im Waitzinger Keller
Sitz des Freien Landestheaters Bayern
Alle aktuellen Miesbacher Termine unter:
www.miesbach.de/veranstaltungen

Ausflugsziele:
Folgen Sie den Miesbacher Kulturpfaden!
(Broschüre im Kulturamt für 9,80 DM erhältlich)

An manchen stillen Tagen scheint die kleine Kreisstadt aus der Zeit zu fallen. Etwa im Frühwinter, wenn sacht einsetzender Schneefall alle Straßengeräusche erstickt. Dann gerät ein Spaziergang vom Oberen Markt, am Michaelsbrunnen vorbei, den Lebzelter Berg hinab in die Unterstadt zum romantischen Erlebnis. Die Silhouetten der breitdächrigen Hausgiebel sind in der Dämmerung des Dezemberhimmels kaum noch zu ahnen, verwaist liegt der im Sommer so betriebsame Marktplatz... Ähnlich melancholische Gefühle kann ein früher Sonntagnachmittag im Sommer bescheren, wenn die Stadt verlassen ruht, und es nicht weniger nostalgisch schön ist, unter einsam in den Wind gestellten bayerischen Rautenfahnen durch ihre engen Winkel zu streifen, die so viel spitzweghafte Versponnenheit ausstrahlen, als wären sie wirklich nicht aus diesem Jahrhundert. Miesbach ist Mittelpunkt der bäuerlichen Landschaft zwischen Parsberg und Wies, eine liebenswerte kleine Stadt, die sich neben ihrer Funktion als Marktforum einer angesehenen Viehwirtschaft vor allem durch ihre bildungspolitische Bedeutung auszeichnet. Der Ort mit einem Kern von etwa 5000 Einwohnern besitzt immerhin neben einem Gymnasium eine Real-, Berufs-, Alm- und Landwirtschaftsschule und ein Bildungszentrum für Hauswirtschaft. Darüber hinaus bietet Miesbach die Infrastruktur einer modernen Kreisstadt.

Woran es lag, dass man in der Geschichte so viele Schicksalsschläge hinnehmen musste, vermag niemand zu sagen. Dabei hatte ihre Lage an der Schlierach, zwischen Mangfall und Leitzachtal in unmittelbarer Nähe von Schliersee und Tegernsee, der Stadt eigentlich immer günstige Perspektiven eröffnet. Zudem verlief hier die alte Salzstraße von Rosenheim nach Tölz. Doch brachte der Salzhandel wegen des einwohnerschwachen Hinterlandes nur wenig Gewinn. Und immer dann, wenn nach Jahrhunderten voller Arbeit das Weichbild der

Stadt einmal besonders ansehnliche Konturen gewonnen hatte, ging sie fatalerweise in Flammen auf. Schon 1527 waren durch das erste Großfeuer, dem hundertzwanzig Häuser zum Opfer fielen, siebenhundert Bürger obdachlos geworden. Die Wasser des kleinen Muesbaches, der der Stadt den Namen schenkte, hatten nicht ausgereicht, dem Brand durch Löschmaßnahmen energisch genug entgegenzutreten. Bis zur fälligen Errichtung großer Wasserreservoirs musste die Stadt noch ein weiteres Mal fürchterliches Lehrgeld bezahlen. Das war 1783, als Kinder auf dem Speicher des kurfürstlichen Brauhauses Knallkörper angezündet und den Dachstuhl in Brand gesetzt hatten. In rasender Geschwindigkeit verbreitete sich damals das Feuer über den Oberen Markt, bis durch Funkenflug auch der Untere in Flammen aufging, mit ihm die überaus prächtig stuckierte Pfarrkirche Mariä Himmelfahrt und ihr legendäres gotisches Altarbild – die Bürger hatten es in ihrer Not einfach abzuhängen vergessen.

Durch die Zäsur des Kirchenbrandes beschleunigt kam nun auch noch die Wallfahrt zur schmerzhaften Muttergottes zum Erliegen, die dem Ort im 18. Jahrhundert einen starken Aufschwung verschafft hatte. Das nahe Birkenstein konnte sich als neues Wallfahrtsziel immer stärker profilieren.

Da versuchte man es im 18. und 19. Jahrhundert mit dem Kohlebergbau, anfänglich mit großem Erfolg, der sogar die Eröffnung einer eigenen Bergbauschule erlaubte, bis dann die Flöze immer spärlicher wurden und die Hauer eines Tages in die Haushamer Grube davonzogen. Auch die Lage am Fluß, dank der man sich für kurze Zeit erfolgreich der Flößerei gewidmet hatte, brachte den Miaschbeckern kein Glück. Stattdessen richtete die Schlierach häufige und während einer Hochwasserkatastrophe 1892 im Aubereich so gewaltige Zerstörungen an, dass fünfzig Pioniere zwei Wochen lang alle Hände voll mit den notwendigsten Aufräumungsarbeiten zu tun hatten. Dieses Desaster markiert einen vorläufigen Endpunkt in der an Schicksalsschlägen so reichen Geschichte.

Seine Entstehung führt Miesbach auf das seit Jahrhunderten ansässige Geschlecht der Hohenwaldecker und ihre Maxlrain'schen Nachfolger zurück. 1145 taucht mit Rudolf von Pastberg zum ersten Mal ein Vorfahre der gräflichen Familie in den Archiven auf. Er erbaute die nach dem nahen Bacherl benannte Burg Muespach.

Mehrere Jahrhunderte lang fiel das Land unter die Herrschaft dieser adeligen Familie und wurde unter Wolfgang von Wallenburg im 15. Jahrhundert sogar zur freien Reichsgrafschaft erhoben. Da diese kaiserliche Auszeichnung weitgehende Autonomie gestattete, gerieten Miesbachs Bürger, die sich wie die Grafen von Maxlrain zur Reformation bekannten, in Gegensatz zur Macht des Klerus und der von ihm abhängigen bayerischen Herzöge. Höhepunkt dieses Konfliktes war die schmerzhafte Wirtschaftsblockade, die Wilhelm V. von Bayern über die Reichsgrafschaft verhängte, um ihren lutherischen Widerstand zu brechen und sie wieder katholisch zu machen. Dies gelang jedoch nur sehr schwer, da die Miesbacher ihrer Herrschaft sehr ergeben waren.

Ihre Loyalität wurde nicht einmal durch die ausgeübte strenge Gerichtsbarkeit erschüttert, an der sich auch nach der Übernahme der Reichsgrafschaft durch das Kurfürstentum Bayern wenig änderte: Ein äußerst scharfer Vogteirichter, der »Spitz«, setzte ihnen nun nicht weniger zu. Noch bis 1810 fanden in Miesbach öffentliche Hinrichtungen statt. Als damals ein des Mordes für schuldig befundener Zimmermann vor der schaulustigen Menge enthauptet wurde, hatte das kunstvoll mit Silber beschlagene Scharfrichterbeil mit seinem Heft aus Elfenbein das letzte Mal seinen Dienst versehen,

Stille eines Winterabends

kurze Zeit später wurde es aus dem »Verkehr« gezogen und an den Zaren von Rußland verkauft. Von nun an lieferte die Justiz ihre Opfer zwar nicht mehr ans Messer, doch immer noch – wenn nötig – mit aller Härte ins Gefängnis. Dies mussten im Jahre 1897 etwa hundert Miesbacher am eigenen Leib verspüren, als sie – des Landfriedensbruches beschuldigt – zu hohen Gefängnisstrafen verurteilt wurden: sie hatten am berüchtigten letzten der hundertsechsunddreißig Haberfeldtreiben teilgenommen und sich dabei ein heftiges Feuergefecht mit der Gendarmerie geliefert, wobei es mehrere Verwundete gab.

Das Rügegericht dieses Haberfeldtreibens, dessen Wurzeln nicht mehr exakt auszumachen sind, wurde schon im 17. Jahrhundert von unverheirateten Bauernburschen vornehmlich im Miesbacher Land veranstaltet, die bei nächtlichem Treffen unter fürchterlichem »Grawoi« bäuerlichen Mitgliedern der Dorfgemeinschaft sittliche Verfehlungen vorhielten, die nicht gerichtskundig geworden waren. Doch im Laufe der Zeit stießen zum Bund der Bauernburschen, dessen Verschworene sich aus Furcht vor Entdeckung mit geschwärzten Gesichtern trafen und einander mit Decknamen ansprachen, auch Männer anderer Stände und entwerteten das Rügegericht zum reinen Zotenritual. Einige Haberer, wie der Daxer von Wall, brachten schließlich die Institution der bäuerlichen Selbstjustiz durch anarchistische Aktivitäten derart mit dem Gesetz in Konflikt, dass der Staat mit aller Härte dem Treiben ein Ende bereitete.

Weit gefehlt, wenn man annähme, dass Miesbach durch prosaische geschichtliche Fakten in seinem Wesen ausreichend charakterisiert wäre; Sensibilität und beachtlicher Kunstsinn hatten dieser Stadt durchaus auch einen bescheidenen kulturellen Rang verschafft. Mit dem begabten Barockplastiker Balthasar Ableitner und den Brüdern Johann Baptist und Ignaz Anton Gunetzrhainer, zwei großen Baumeistern des 18. Jahrhunderts, gelang es, sich auch einen Platz in der Kunstgeschichte zu sichern. Dies gilt auch für die Stukkatorenschule, der im Elbacher Blutkircherl und den Wallfahrtskirchen von Föching und Egern prächtige Werke gelangen.

Am Haindlberg in Miesbach

Dass allerdings mit Johann Baptist Zimmermann der genialste Stukkateur der Zeit, »Vater« der Wieskirche und des Amalienburgschlößls in Nymphenburg, nicht in Miesbach gehalten werden konnte, war der chronischen Geldknappheit der Maxlrainer zuzuschreiben, deren schwere Verschuldung durch das Hasardspiel eines Pyritbergbaus im Schlierseer Winkel zum Schluss gigantisches Ausmaß erreichte. 1706 war Zimmermann zu seiner Frau, einer gräflichen Zofe, nach Miesbach gezogen. Doch abgesehen von Stuckarbeiten in Tegernsee, Weyarn und Schliersee konnte er hier keine Aufträge erhalten. Deshalb wechselte er 1715 nach Freising, um nur noch einmal, 15 Jahre später, für kurze Zeit zurückzukehren und dabei den Plafondstuck von Schloss Wallenburg zu gestalten. Diese mit duftigen Ornamenten versehene Wohnzimmerdecke stellt eines der wenigen künstlerischen Denkmäler von Rang in Miesbach dar.

Nach ihren vielen fruchtlosen Bemühungen in Salzhandel, Flößerei und Bergbau besann sich die Kreisstadt Miesbach erst wieder im ausgehenden 19. Jahrhundert ihrer Wurzeln. Als Herz einer in ganz Deutschland einmaligen bäuerlichen Kulturlandschaft geriet sie bald zum renommierten Marktforum einer nun stetig intensiver betriebenen Hausrindzucht. Seither werden in der Oberlandhalle die berühmten Großtiermärkte veranstaltet, die den Ruf der Stadt als Zentrum der Viehzucht und Milchwirtschaft begründeten. Noch eins, das Wichtigste: Die Bauern entdeckten damals auch den Wert ihres Brauchtums und der Tracht. Ohne auf den uralten Streit, wer denn nun wirklich die ersten waren – die Zeller oder Miaschbecker –, die der Welt ältesten Trachtenverein gründeten, näher einzugehen, darf man wohl annehmen, dass die damalige Rückbesinnung auf kulturelle Eigenart Ausdruck einer das gesamte Oberland erfassenden Bewegung war und sich deshalb fast gleichzeitig an verschiedenen Orten artikulierte. Ihr verdanken wir neben der Erhaltung auch das äußere Erscheinungsbild unserer heutigen Tracht, in die seit dem 16. Jahrhundert eine Vielfalt von Anregungen aus Tirol, aber auch Frankreich und Spanien eingeflossen waren; einer Tracht, die die farblich ausgewogene Antwort auf die Schönheit unseres landschaftlichen Ambientes, seiner Kirchen und Höfe darstellt und den feinen Farbensinn verrät, dessen sich das bayerische Volk zu Recht rühmen darf. Die Miesbacher Tracht lebt, und Miesbacher sorgten dafür, dass sie in allen Erdteilen bekannt wurde – so bekannt allerdings, dass von etwa vierhundert deutschen Trachtenvereinen sich

Kulturzentrum Waitzinger Keller

Bildungs- und Behördenmittelpunkt
Vom Gemeinde-, und Montessori-Kindergarten, über Grund-, Haupt-, Real-, Gymnasialschule bis zum Berufsbildungszentrum findet sich in Miesbach das gesamte Spektrum einer zukunftsträchtigen Ausbildung. Doch auch seine Ämter und Behörden machen die Kreisstadt zum vielbesuchten Mittelpunkt des Oberlandes.

Wochen- und Roßmarkt
Eine besondere Attraktion ist der Wochenmarkt jeden Donnerstag auf dem Marktplatz. Frisches Obst und Gemüse, Honig, Blumen aus aller Welt, aber auch Waren aus der Region befriedigen jeden Wunsch und verwandeln den Platz in eine bunte Idylle. Derber geht es auf dem »großen Roß- und Vichmärckt« zu. Hier bekommt man einen guten Eindruck von der Bedeutung der Landwirtschaft für das Miesbacher Land.

Ins Wirtshaus zum Weißbier
Viele Gasthäuser laden nicht nur nach dem Markttag ein. Die Vielfalt reicht vom gutbürgerlichen bairischen Wirtshaus zum exklusiven Restaurant, von der italienischen Pizzeria, über die griechische Taverne bis zur türkischen Gastfreundschaft. Nicht fehlen darf dabei die Hopf-Weiße, von der Kenner behaupten, es wäre eines der besten Weißbiere Bayerns.

»Miesbacher Kulturpfade«
Das kulturelle Erbe in und um Miesbach ist reich. Der Bürgermeister hat mit seinen »Kulturpfaden« eine Reihe von attraktiven Wanderwegen zusammengestellt. Abseits von vielbefahrenen Straßen, mitten in der herrlichen Haglandschaft des Oberlandes, von jedermann leicht zu bewältigen, gibt es eine Vielzahl von Möglichkeiten, sich Kulturräume und Landschaften zu erschließen.

Ein Nobelpreisträger und ein Maler
Um 1900 verbrachte der Literaturnobelpreisträger Paul Heyse seine Sommerfrische in der Villa Kammerer. Der italophile Schriftsteller fühlte sich wohl in diesem italienisch inspirierten Landhaus. Christian Schad, neben Otto Dix, einer der wichtigsten Vertreter der Neuen Sachlichkeit wurde 1894 in Miesbach geboren. In sein Geburtshaus am Waldecker Steig kehrte er immer wieder zurück.

Unterkünfte
Rund um Miesbach bieten etwa 100 Vermieter Hotel-, Pensions- und Privatzimmer an – Erholung pur. Besonders beliebt ist der »Urlaub auf dem Bauernhof«.

Abwechslung für Geist und Körper
Für Abwechslung und Unterhaltung sorgt eine Vielzahl sportlicher und kultureller Einrichtungen, wie Sportpark, Schwimmbad, Eishalle, Tennis- und Schießanlagen, Volkshochschule, Kino und das Kulturzentrum Waitzinger Keller.

Kultur mit Ambiente
Der Waitzinger Keller wurde 1877 als Bierkeller eröffnet, 1906 entstand der Saalaufbau. 1994 hat die Stadt Miesbach das denkmalgeschützte Haus aufwendig renoviert. Heute präsentiert es sich als multifunktionelles Kulturzentrum. Der herrliche Jugendstilsaal mit seinen farbigen Fenstern, die Galerien, Foyers und Tonnengewölbe sind eine ideale Plattform für Theater, Konzerte, Ausstellungen, Feste und Tagungen. So ist hier ein kultureller Mittelpunkt des Landkreises entstanden.

weit über die Hälfte eine Variation der Miesbacher Tracht zu eigen gemacht haben, wodurch manch anderes, sicherlich ebenso erhaltenswerte Volkskleid leider unwiederbringlich verloren ging.

Die Kraft der hiesigen, sich ihrer oberbayerischen Eigenart bewußten Gesinnung haben seither viele Menschen schätzen gelernt. Ihr fühlte sich auch Ludwig Thoma verpflichtet, der jahrelang die Leitartikel des »Miesbacher Anzeigers« schrieb und dem Blatt als scharfzüngiger Anwalt bayerischer Interessen eine große Leserschaft sogar im Norden verschaffte. Er und die Legion derer, die bis heute der Faszination dieses Landstriches erlagen – sie alle wussten, dass man die Bedeutung Miesbachs nicht im Baedeker suchen darf.

Otterfing

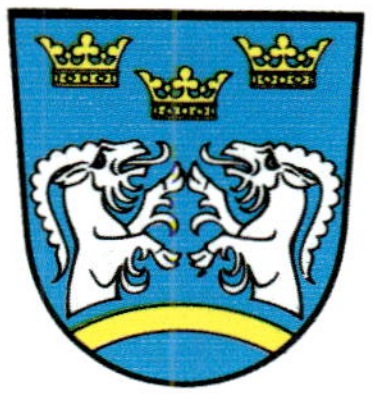

4050 Einwohner, 18,39 qkm Fläche
669 m über NN

Informationen
Rathaus
Münchner Straße 13
83624 Otterfing
Telefon 08024 / 9063-0
Telefax 08024 / 6569

Sehenswürdigkeiten
Pfarrkirche St. Georg
Filialkirche St. Valentin in Bergham
Filialkirche Heilig Kreuz in Wettlkam
Kapellen in Holzham, Palnkam und Wettlkam

Feste und Veranstaltungen
Zahlreiche Feste und Veranstaltungen der Otterfinger Vereine finden pro Jahr gemäß Veranstaltungskalender statt.

Gewerbe
Zahlreiche Handwerks- und Gewerbebetriebe

Die jüngste und kleinste der Gemeinden, das im Nordwesten gelegene Otterfing, erst 1972 nach Auflösung des ehemaligen Landkreises Wolfratshausen durch die Gebietsreform in den Miesbacher Landkreis eingegliedert, darf sich mit Stolz zu seinen ältesten zählen. Ihr Areal umfaßt Bauernland, das schon bald nach römischer Besetzung von einfallenden Bajuwaren in Besitz genommen wurde. Einem Otolf verdankt das aufstrebende Dorf wohl seinen Namen, der hier nach einer Odyssee langer Jahre mit seiner Sippe Wohnstatt bezog, und dem sich später weitere Großfamilien nachbarlich anschlossen, um in Wettl- und Palnkam heimisch zu werden und den Wanderstab mit dem Pflug zu vertauschen. Mit Sicherheit wird es das fruchtbare Wiesenland gewesen sein, das sie bewog, am südlichen Rand der sich zu Moränenhügeln aufschwingenden Schotterebene ihr Lager aufzuschlagen und

Pfarrkirche St. Georg

Kapelle in Palnkam

graben weiter zur Mangfall – Urerinnerung an den ehemals so mächtigen Abfluß des Isargletschers, dessen tosende Schmelzwasser dieses heutige Trockental einst gegraben hatten? Irgendeiner dieser Bäche, die damals am Anfang aller Zeiten noch rein waren, muss wohl den Durst der ersten Bewohner gestillt haben, denn für Zisternen dieser Zeit fehlt der archäologische Beleg, und die technische Perfektion, durch hundert Meter mächtige Kiesbänke einen Brunnenschacht bis zum Grundwasserspiegel hinabzutreiben, blieb ihren Enkeln im 20. Jahrhundert vorbehalten: Erst eine Tiefbohrung befreite die Otterfinger 1973 von all ihren Trinkwassersorgen.

Obgleich uraltes Siedlungsgebiet, fällt die erste urkundliche Erwähnung erst spät auf die Jahrtausendwende und erhellt die damaligen Besitzverhältnisse und etablierten

seßhaft zu werden. Hier ließ sich's leben wie auf einer Insel, umgeben vom Meer eines schier unendlichen Mischwaldes, der dank seines Fruchtreichtums an Bucheckern und Eicheln auch die Haltung von Schweinen erlaubte und – zusätzlich zum Schutz, den er gewährte – auch den wichtigen Brennstoff für das Herdfeuer lieferte, einzige Waffe gegen die harten Winter der neuen weißblauen Heimat. Woher Otolfs Leute allerdings damals das lebenswichtige Wasser bezogen, kann heutzutage nur als Rätsel erscheinen. Doch ist anzunehmen, dass in der Frühzeit unserer Heimat noch mehrere Bäche durch den Holzkirchner bis in den Otterfinger Raum mäanderten, die aus dem Überfluß des Kirchsees und seiner Nachbarfilze gespeist wurden. Vielleicht floss das kleine Hackenbacherl, Abfluß des idyllischen Moorsees mitten im Wald, das heute schon nach kurzer Distanz im porösen Grund des Schotterbodens auf Nimmerwiedersehen verschwindet, früher durch den Teufels-

Gute Infrastruktur lockt Münchner aufs Land

1972 wird Otterfing S-Bahnstation des Münchner Verkehrs- und Tarifverbundes.

Die aus der guten Anbindung folgende rege Siedlungstätigkeit in den letzten drei Jahrzehnten erforderte den Neubau zahlreicher öffentlicher Einrichtungen. So erfolgt 1972 die Sanierung der gemeindlichen Wasserversorgung mit der Errichtung eines Tiefbrunnens. Ein dazugehöriger Hochbehälter wird zehn Jahre später gebaut. 1959 und 1966 entstehen zwei neue Schulhäuser, in denen heute der Otterfinger Nachwuchs unterrichtet wird. 1973 kann der Pfarrkindergarten in Betrieb genommen werden. 1977 wird den Bürgerinnen und Bürgern der Gemeinde ein großes Sportzentrum zur Verfügung gestellt. 1989 wird der Neubau des Feuerwehrgerätehauses mit Bauhof vollendet. 1995 entsteht neben dem Pfarrkindergarten der großzügig gestaltete Gemeindekindergarten, ein zweigeschossiges Gebäude im Pagodenstil.

Expandierendes Gewerbegebiet

Die Gemeinde ist Sitz vieler Handwerks- und Gewerbebetriebe, die zum Gedeihen der Gemeinde beitragen. Die rasch wachsende Firma Sport-Scheck, die mehr als die Hälfte ihres Umsatzes im Versandhandel und im Internet macht, verdankt diese Erfolge auch ihrem 60 000 qm großen Logistikcenter in Otterfing.

Ursprünglichkeit inmitten der Natur

Trotz moderner Siedlungen hat Otterfing seinen ursprünglichen Charakter bewahren können, und die reizvolle Umgebung lädt ein zu beschaulichen Wanderungen durch Wald und Flur.

Machtstrukturen. Abt Berengar von Tegernsee überließ – so die kurze Notiz – jedenfalls einem Adeligen ein Jagdrecht im Wald zu Otolwinga. Das neu gegründete Reichskloster hatte es also nur wenige Jahre nach seiner Wiedergeburt aus der Asche bereits verstanden, große Teile des Wald- und Feldareals bis hin zum Hofoldinger Forst unter seine Aufsicht zu bringen. Seine Mönche vollendeten seinerzeit das von Wanderpredigern aus dem nahen Chiemgau und dem Münchsteuerer Kloster begonnene Werk der Christianisierung und leiteten eine, die landschaftliche Proportionen wirklich gravierend verändernde, zweite Rodungsepoche ein. Bildungsmonopol und kluge Wirtschaftspolitik erleichterten ihnen dabei naturgemäß den Erwerb zahlreicher Höfe. Das Patrozinium der St.-Quirinuskirche in Jasberg – das heute politisch zwar zum Landkreis Bad Tölz-Wolfratshausen gehört, aber weiterhin dem Pfarrsprengel Otterfings zugeordnet ist – erinnert noch an die engen Beziehungen zur Tegernseer Abtei, die die Verehrung ihres Patrons schon sehr früh nach der Reliquienüberführung von Rom in die Klosterkirche populär gemacht hatte.

1280 wird Otterfing im herzoglichen Urbar zum ersten Mal als Pfarrei erwähnt.

Seine St.-Georgskirche bietet auch heute noch im Weichbild der ländlichen Kommune nicht nur den architektonischen Bezugspunkt. Naiven Reiz bezieht der Sakralbau,

Gemeindekindergarten

Otterfinger Rathaus

wie viele der kunsthistorisch weniger bedeutenden Kirchen des Holzlandes, aus der stilistischen Vielfalt seiner Ausstattung, die ihre Asservate mehreren Stilepochen verdankt, darunter einige vorzügliche gotische Figuren neben vielen bewegten Statuen des Barock. Ähnliches gilt auch für St. Valentin in Bergham und Hl. Kreuz in Wettlkam, zwei einfache Bauernkircherl der Gegend. Das seltene Glück, Gebet und Kunstgenuß optimal zu verbinden, erfährt man aber erst im nahen Gotteshaus von Jasberg, dessen rauchblaue Silhouette am westlichen Horizont über die Felder herübergrüßt: ein bemerkenswerter Flügelaltar der Gotik, der sich zu denen des Pestkircherls von Schmidham, von Reichersdorf und der Schlierseer Friedhofskapelle gesellt, darf dort bewundert werden.

Doch ist Otterfing kein Ort für Kunsteleven. Auch die obligate Infrastruktur einer dem Fremdenverkehr verbundenen Gastronomie wird man dort vergeblich suchen. Otterfing blieb – und das ist heute sein wichtigstes Kapital – bei aller Großstadtnähe ein überschaubarer Ort, dessen unbeirrtes Brauchtum überrascht. Wer den unaufdringlichen Charme der voralpinen, sich zu bescheidenem Hügelland aufschwingenden

Logistikcenter der Firma Sport Scheck

Landschaft und die schwammerlreichen Sensationen eines riesigen Forstes schätzt, der ist hier bestens aufgehoben. Eine Fülle öffentlicher und dennoch kaum befahrener Feld- und Waldwege lädt den erholungssuchenden Wanderer ein. Wenn er erst einmal den Lärm der B 13 – einziger sonntäglicher Wermutstropfen in der Beschaulichkeit des sympathischen Dorfes – hinter sich gelassen hat, mag er vom St.-Georgsplatz aus den Weg nehmen, wohin er will: zum Teufelsgraben, nach Wettl- oder Palnkam, herüber nach Föching oder hinüber nach Jasberg – stundenlang wird er, ohne auch nur einem einzigen Auto zu begegnen, die Fluren durchstreifen und plötzlich verstehen, warum Bauland in Otterfing nicht gerade billig ist. Durch die S-Bahn minutenschnell mit allen Annehmlichkeiten des nahen München, über ein vorzügliches Straßennetz aber mit dem lockenden Gebirge verbunden zu sein und dennoch fern von Stadtlärm und Fremdenverkehrshektik behütet im Frieden eines Dorfes wohnen zu dürfen, das sich seine provinzielle Unschuld bewahrt hat, dies hat zu Recht seinen Preis.

Rottach-Egern

6841 Einwohner, 740 bis 1700 m über NN

Information
Kuramt Rottach-Egern
Nördliche Hauptstraße 9
83700 Rottach-Egern
Telefon 08022 / 6713-41 und 42
Fax 08022 / 671347
Internet: www.rottach-egern.de
e-mail: info@rottach-egern.de

Tourismus
3600 Gästebetten: Hotels aller Kategorien, Gästehäuser, Privatzimmer, »Ferien auf dem Bauernhof«, Ferienwohnungen und Appartements
Großes Angebot an Gasthäusern und Restaurants, Bars und Nachtclubs

Sport
Segeln, Surfen,
Drachen- und Gleitschirmfliegen,
Reiten,
Driving Range, See- und Warmbad, Hallenbad,
Tennisplätze und -hallen, Squash,
Kegeln, Asphaltstockschießen
Ski- und Snowbordfahren am Wallberg und in der Sutten
Langlauf, Eislauf, Eisstockschießen, Eissegeln

Ausflüge
Wallberg (1620 m)
Valepp
Rundfahrten auf dem Tegernsee

Sehenswürdigkeiten
St.-Laurentius-Kirche
Friedhof St. Laurentius mit den Gräbern von Ludwig Ganghofer, Ludwig Thoma und Leo Slezak
Bronzeskulpturen im Kurpark

Veranstaltungen
Juni: Kunst- und Kulturtage
Ende Juli: Seefest
Ende August: Roßtag

Wohl keine der vielen Perspektiven des Miesbacher Landes ist so berühmt wie jene der Egerer Bucht, deren »Malerwinkel« zu den bekanntesten deutschen Ferienmotiven gezählt werden darf. Das aufstrebende Dorf, dem ein kleiner Bergfluß den Namen schenkte, entzückt seine vielen Gäste durch die malerische Lage zu Füßen des mächtigen Wallbergs vor dem Traumpanorama des Tegernsees.

Gleichermaßen geschätzt von Jung und Alt, die all ihre Kur- und Freizeitwünsche erfüllt sehen, geriet der betriebsame Doppelort nach dem Zweiten Weltkrieg zu einem Treffpunkt der bundesdeutschen und internationalen Prominenz.

Entdeckt wurde das Idyll erst relativ spät im 19. Jahrhundert, als mit den Wittelsbachern zahlreiche Familien des Hochadels und des angesehenen Bürgertums zuzogen und hier ihre Feriensitze erbauten. In dieser Zeit begann Rottach erstmals, das Schwesterdorf Egern zu überflügeln. Bis dahin

St. Laurentius in Egern

Mit Stil und Eleganz verführt Rottach-Egern seine Gäste

Einer langen Tradition als Sommerfrische für Künstler, Prominente und des Jet-Set verdankt Rottach-Egern seinen weltweiten Ruf. Wer Luxus, Exklusivität und ein lebendiges Nachtleben sucht, der wird hier fündig. Wer jedoch ländliche Idylle, Privatunterkünfte oder »Ferien auf dem Bauernhof« zwischen Wiesen und Apfelbäumen bevorzugt, trifft ebenso auf ein reiches Angebot. Kulinarische Wünsche erfüllt eine breit gefächerte Gastronomie.

Der Sonnen-Wallberg

Eine Kabinenbahn bringt die Besucher auf 1620 m Höhe. Von hier oben genießt man einen herrlichen Blick über den Tegernsee und die Alpen. Für Speis und Trank sorgt das Panorama-Restaurant mit seiner Terrasse.

Der Wallberg erwartet seine Gäste das ganze Jahr. Im Bergfrühling erfreut die Frühjahrsblüte und der Alpenlehrpfad. Im Sommer lockt die klare und kühlere Luft Spaziergänger und Wanderer. Im Herbst genießt man die letzten milden Sonnentage, die Sicht ist prächtig, das Laub lodert in allen Farben. Gleitschirm- und Drachenflieger haben Saison. Im Winter bietet der Wallberg Pisten für weniger Geübte und schneidige Könner. Im trutzigen Wallberg-Kircherl finden regelmäßig Berggottesdienste statt.

Segeln und Surfen

Der Tegernsee bietet beste Voraussetzungen für alle Wassersportarten, für Anfänger gibt es Surf- und Segelschulen. Die letzte der alljährlichen Segel-Regatten findet am Nikolaustag statt.

Rottach-Egern mit Wallberg

hatten auch seine zwanzig kleinen Bauernweiler, die heute weitgehend eingemeindet sind, einen beispiellosen Dornröschenschlaf genossen.

Dekorativer Mittelpunkt des malerischen Ortes rund um die kleine Bucht ist seit jeher die katholische St.-Laurentius-Kirche, die von den Tegernseer Benediktinern schon 1187 zur Pfarrei erhoben worden war. Zu dieser Zeit mussten die Fischerhütten und Bauernanwesen, die der Abtei zum Naturalienzins verpflichtet waren, also bereits einen bescheidenen Dorfkern gebildet haben. Egerns stimmungsvolles Gotteshaus zählt unter Kennern zu den geglücktesten Beispielen bäuerlichen Barocks in Oberbayern, zu dessen Gelingen viele Namenlose ihr Bestes schufen. Bis auf das Hochaltarblatt von Hans Georg Asam sind hier keine Kunstwerke großer Meister zu bewundern. Stattdessen erfreuen den Gläubigen die Innigkeit des Andachtsraumes mit seinem früchtereichen Überschwang an Miesbacher Stuck, ein berühmtes Votivbild der Sendlinger Bauernschlacht und das Gnadenbild einer gotischen Madonna. Vornehmlich während der Maiandachten und der Christmette gerät ein Besuch dieser Kirche zum unvergeßlichen Erlebnis.

Auf ihrem gepflegten Friedhof hat übrigens auch eine Reihe prominenter Talbürger die letzte Ruhestatt gefunden, so unter anderem das berühmte bayerische Dichterpaar Ludwig Ganghofer und Ludwig Thoma und der Kammersänger Leo Slezak.

Sein Ortsbild verdankt Rottach-Egern weitgehend der jüngsten Vergangenheit. Neben einigen alten Höfen in Staudach, Ellmau und Unterwallberg waren es vom Freundeskreis der Wittelsbacher errichtete Villen städtischen Stils, die das großzügige Gesicht zu formen begannen. In der Fürstenstraße verkehrten während des 19. Jahrhunderts die bedeutendsten Persönlichkeiten

Wallbergbahn

unter den Neubürgern: dem Staatsrat von Kobell waren dorthin die hochadeligen Radolin, Wittgenstein und die sich als Mäzenaten profilierenden Henckel-Donnersmarck gefolgt, deren Domizil sich zu einer Begegnungsstätte des Adels, aber auch der oberbayerischen Kunstszene entwickelte. Dass in dieser Zeit aber nicht nur Stubnmusi gehört, sondern mitunter Politik gemacht wurde, versteht sich von selbst. So hält sich im Volksmund bis heute das Gerücht, hier am Tegernsee sei der Erste Weltkrieg »ausgeheckt« worden. Der damals in Egern residierende russische Botschafter und der Franzose Poincaré sollen hier nämlich ihre antiösterreichischen und antideutschen Ressentiments koordiniert haben.

Seine endgültige Prägung erfuhr Rottach-Egern erst während des letzten Baubooms in den siebziger Jahren des 20. Jahrhunderts. Hatte der Ort sich bis dahin trotz stetig verstärkenden Zuzuges noch seine bäuerlichen Konturen weitgehend bewahren können, so bedeutete die nun einsetzende überaus starke Neubautätigkeit nicht nur eine Veränderung seines Gesichtes, sondern auch seines Charakters.

Wer heute durch die gepflegten Straßen Egerns schlendert, wird nicht glauben wollen, dass es hier noch bis ins 19. Jahrhundert kein einziges Gasthaus gegeben hatte. Freilich hat man seither viel getan, um dieses Manko der Vergangenheit zu beheben. Inzwischen sind die Restaurationsbetriebe fast so zahlreich wie die Geschäfte der Modebranche, die Rottach-Egern zu einem Mekka für – im wahrsten Sinne des Wortes – betuchte Damen gemacht haben, gleichzeitig aber auch die Verfremdungsakzente illustrieren, die mit dem kometenhaften Aufstieg des ehemals kleinen Dorfes verbunden sind.

Die Attraktivität von Rottach-Egern gründet sich seit jeher nicht nur auf landschaftliche Schönheit – die wohl immer bleiben wird – sondern in gleichem Maße auch auf die Ausstrahlung seiner bodenständigen Bevölkerung. Hier in Rottach-Egern hatten zu Besuch weilende Hohenzollern, Welfen und Habsburger, Metternich und Moltke nicht nur einander gegenseitig, sondern auch einheimische Dichter und Künstler schätzen gelernt und waren ihrer Faszination erlegen. Hier hatte Ludwig Thoma Freundschaft mit Michl Dengg geschlossen und für dessen urige Bauernbühne das Stück »Erster Klasse« geschrieben, der Kiem Pauli, Hüter der bayerischen Volksmusik, das erste oberbayerische Preissingen veranstaltet und damit die Renaissance des oberbayerischen Liedes eingeleitet. Deshalb ist der Name Rottach-Egerns unauslöschlich in die Annalen der oberbayerischen Heimatgeschichte geschrieben.

Dafür, dass hier alles beim alten bleibt, sorgt ein harter Kern Einheimischer, der unbeirrt an seinen weißblauen Lebensgewohnheiten festhält. Der stolzen und schönen Aufgabe, aus der Liebe zur Heimat deren Tradition zu bewahren, haben sich fast ein Jahrhundert lang mit großem Eifer auch zwei rührige Trachtenvereine gewidmet. Alljährlich veranstalten beide im Sommer ihr vielgerühmtes Waldfest mit der unnachahmlichen Mixtur aus Jetset und Lederhose, die auch den eingefleischtesten Städter zum alleinseligmachenden oberbayerischen Lebensstil verführt.

Dank der Hilfe dieser traditionsverbundenen Einrichtungen gelang es, dieses beglückende Volkstum bis heute zu bewahren. Mehr noch: Dem Strauß überkommener band man sogar neue Bräuche bei. Aus Dank für die Verschonung vor dem Bombardement in den letzten Tagen des Zweiten Weltkriegs, tragen die Gebirgsschützen die Madonna von Egern alljährlich während des Erntedankfestes durch die heimische Flur; und einmal im Jahr veranstaltet der Böck Thomas, farbiges Original aus Rottach, seinen ungemein populären Roßtag. Diese beiden Beispiele wie die wiederauflebende Tradition eines Pferdeschlittenrennens veranschaulichen, dass sich gelebtes Brauchtum nicht im phantasielosen Nachvollzug bewegen und damit eines Tages erschöpfen muss, sondern Spielraum läßt für einen Neubeginn. Dabei stellen die vielen Zugroasten keineswegs einen vereitelnden Störfaktor dar – im Gegenteil, wie das Rottacher Beispiel beweist: fasziniert von unserer Landschaft und ihrem Menschenschlag sind sie allezeit zum Applaus bereit. Und gerade vor einem applaudierenden Publikum gelingt uns Bayern halt alles doppelt so gut...

Schliersee

6400 Einwohner, Fläche 79,16 qkm
777 bis 1870 m über NN

Information
Gästeinformation Schliersee
Bahnhofstraße 11a
83727 Schliersee
Telefon 08026 / 6065-0, Fax 08026 / 6065-20
24-Stunden-Zimmernachweis Telefon 08026 / 19412
Internet: www.schliersee.de
www.schliersee.com
www.spitzingsee.de
e-mail: tourismus@schliersee.de

Tourismus
3800 Betten in Hotels aller Kategorien, Pensionen, Gästehäuser, Ferienwohnungen und »Ferien auf dem Bauernhof«, Campingplatz
60 Gaststätten und Restaurants
Kuren, Tagungsmöglichkeiten

Freizeit und Sport
Hallenbad, Parkstrandbad, Windsurfing, Seerundfahrten,Tennisplätze, Fun-Parcours, Sommerrodelbahn, Minigolfanlagen, Kegelbahnen, Eisstockbahn (ganzjährig), Gartenschach, Tischtennis
Bergbahnen und Sessellifte, Wanderwegenetz
Pferdekutschenfahrten, Fahrradverleih, Enzianbrennereien
Ortsführungen, Bücherei, Leseraum, Heimatabende

Sehenswürdigkeiten
St.-Sixtus-Kirche, St. Martin in Westenhofen, St.-Georgs-Kapelle auf dem Weinberg, St.-Leonhards-Kirche in Fischhausen, St.-Bernhard-Kirche am Spitzingsee, Maria-Hilf-Kirche in der Valepp, Burgruine Hohenwaldeck, Jennerwein-Grab, Heimatmuseum, Aufführungen des Bauerntheaters

Feste und Veranstaltungen
Februar: Winterbergfest, August:Sommerbergfest
Faschingssonntag: Firstalmfasching,
Ende Juli: Seefest; Juli/August: Sixtus Alpentriathlon
Anfang August: Alt-Schlierseer-Kirchtag
Pfingsten und im August: Waldfest
Wanderwochen im Frühjahr und im Herbst

Von den vielen Aussichtspunkten Schliersees beschenkt der Freisitz des Oberrissbauern vielleicht mit dem allerschönsten Blick, einer Perspektive, die wirklich ihresgleichen sucht. Unten liegt der Ort Schliersee, dahinter, in den blauen Dunst gebreitet, erheben sich Brecherspitz und Jägerkamp, nach Westen von den Tegernseer Grenzbergen flankiert, ehe von Süden der Taubenstein vom Spitzing herübergrüßt und zur Linken der Waldsamt des Vorgebirges sanft ins Miesbacher Land ausschwingt.

Am nahegelegenen Rohnberg erinnern heute nur noch stumme Mauern an jene, denen dieser traumhafte, vom Schicksal begünstigte Schlierseer Winkel einmal gehörte. Doch die kleine Burg der Waldecker zu Füßen der hohen Felswand war dort wohl nie als Wohnstatt, sondern nur als Fluchtversteck errichtet worden. Lange Zeit, bevor sie 1480 ein gewaltiger Felssturz zerstörte,

Schlittschuhläufer und Drachenflieger vor St. Sixtus

Seeanlage im Schlierseer Kurpark mit Brecherspitze und Westerbergen

hatten sie die adeligen Herren bereits aufgegeben. Sie besaßen schließlich auf Pastberg, Altenwaldeck, Holenstein, Muesbach und Wallenburg noch andere, wohnlichere Stützpunkte.

Angehörige der Waldecker waren es vermutlich auch, die 779 hier ein Kloster gründeten und es – nach den tonigen Mergeln der Gegend – Schliers nannten. Adalune, Hiltipalt, Kerpalt, Antoni und Otakir lauteten ihre klangvollen Namen, in denen gleichwohl noch das mythendunkle Germanien wie das sterbende Rom nachklangen. Ihr Stift, in das sie herrschaftlichen Besitz eingebracht hatten, führten sie nach den Regeln des hl. Benedikt, dessen »ora et labora« Christianisierung und Urbarmachung der Gegend zugleich bedeutete. Denn hier war zu dieser Zeit noch unwirtliche Waldeinsamkeit, in die sich – ein paar Jäger und Fischer vielleicht ausgenommen – während der Kelten- und Römerzeit niemand gewagt hatte.

Nachdem die Abtei gleich zu Beginn in Abhängigkeit zu den Freisinger Bischöfen geriet, erlosch sie schon um 930 für lange Zeit: Der »böse« Herzog Arnulf hatte sie, wie alle Klöster in Oberbayern, weitgehend ihres Besitzes beraubt. Von da an sollte es dem Stift auch nicht mehr vergönnt sein, eine größere geschichtliche Rolle zu spielen. Zwar wurde es noch einmal in der Mitte des 12. Jahrhunderts wiedergegründet, doch als Chorherrenstift ohne Ordensregel, dessen Mitglieder in Einzelhäuschen von zugeteilten Pfründen lebten. Wie hätte dieser lose Zusammenschluss geistlicher Herren je wieder den Gemeinschaftsgeist und die kollektive Kraft einer Ordensklausur erreichen können?

Da kann es nicht verwundern, dass Herzog Albrecht IV. im Jahre 1494 die päpstliche Genehmigung erhielt, das kränkelnde Kloster aufzuheben und seinen Besitz – vereint mit dem des Stiftes von Ilmmünster – dem Kollegiat zu Unserer Lieben Frau in München zuzuführen, dessen Konvent durch den Bau des Liebfrauendomes in arge finanzielle Bedrängnis geraten war. Mit der Aufhebung des Klosters hatte Herzog Albrecht übrigens eine alte Rechnung mit den Waldeckern begleichen können. Ihnen war es nämlich vorher gelungen, ihre relativ unbedeutende Herrschaft vom Kaiser als Reichslehen bestätigt zu bekommen, was sie dem Machtbereich des Wittelsbachers entzog. Dies musste das Chorherrenstift Schliers, ehemaliges Waldeck'sches Eigenkloster, mit seiner Schließung bezahlen. Um den Zorn des Herzogs nicht noch heftiger zu provozieren, schlossen daraufhin die als Erben nachfolgenden Maxlrainer den »Salzburger Vertrag«, der den Konflikt entschärfte; eine darin enthaltene Klausel führte aber dazu, dass die Reichsgrafschaft nach dem Erlöschen der Maxlrainer im männlichen Stamm 1734 an das Kurfürstentum Bayern zurückfiel.

In Schliersee erinnert heute nur noch wenig an die adeligen Herren, denen man so viel zu verdanken hat: Burg Hohenwaldeck sank zur Ruine zusammen; nur die hübsche Weinbergkapelle ist geblieben; Georg der Ältere von Waldeck soll sie um 1380 errichtet haben.

Den Ruhm des ältesten Gotteshauses darf St. Martin in Westenhofen für sich beanspruchen, das schon im 8. Jahrhundert gegründet wurde und damit fast ebenso alt ist wie das Kloster Schliers.

Bis ins 19. Jahrhundert war dieses ehrwürdige Gotteshaus sogar Pfarrkirche gewesen, heute allerdings liegt es ein wenig vergessen im Abseits. Das Interesse vereinzelter Besucher gilt weniger ihm, als vielmehr seinem Friedhof: dort ist nämlich jener legendäre Wildschütz Jennerwein begraben, den man im Jahre 1877 hinterrücks erschossen auf dem Peißenberg auffand. Durch seine Liebschaft mit der hübschen Sennerin Agerl hatte er sich die Todfeindschaft eines eifersüchtigen Jagdgehilfen zugezogen. Und dieses Drama von Liebe und Tod im Gebirg erregt halt nicht nur die Oberlandler Gemüter...

Glanzvoller Mittelpunkt Schliersees ist die prächtige St.-Sixtus-Kirche. Ihr Inneres mit seiner Rokokozier führt seine Wohlgestalt auf einen Neubau zu Beginn des 18. Jahrhunderts zurück, dessen Deckengemälde und dezente Stukkatur kein geringerer als Johann Baptist Zimmermann besorgte. Eine Reihe vorzüglicher Ausstattungsstücke hatte man damals aus der älteren Kollegiatskirche übernommen, so die St.-Sixtus-Statue und eine Dreieinigkeitsgruppe des Erasmus Grasser. Derselben Zeit entstammt auch das Bild der Schutzmantelmadonna, ein Meisterwerk des Jan Polack, und der gotische Flügelaltar der Nikolaus-Kapelle.

Mit so viel Glanz kann auch St.-Leonhard in Fischhausen nicht konkurrieren. In seinem zierlichen Innenraum, den bemerkenswerte Schnitzfiguren dekorieren, hat sich der einheimische Stukkator Jörg Zwerger neben dem Blutkircherl von Elbach ein zweites Denkmal gesetzt, dessen Stuckfülle immer wieder begeistert. Einmal jährlich im November wird das stille Gotteshaus zum fröhlichen Mittelpunkt einer beliebten Leonhardifahrt.

Noch bis zur Mitte des 19. Jahrhunderts führte das Dörfchen Schliersee ein wahrhaft bescheidenes Dasein. Mit der Entdeckung dieser Landschaft durch die Wittelsbacher jedoch erwachte auch bei den wohlhabenden Münchner Bürgern Interesse für den Ort und seine schöne Umgebung. Schauspieler, Maler und Dichter entdeckten die Idylle des bodenständigen Winkels und machten ihn zu einem Treffpunkt damaliger Münchner Intellektueller. Nicht nur die geselligen Maler Johann Georg von Dillis, Wilhelm von Kobell, Max Josef Wagenbauer oder Domenico und Lorenzo Quaglio fühlten sich hier zuhause, sondern auch ein Individualist wie August von Platen. Hier wohnten der dichtende Jäger Anton von Perfall, dessen Feder wir bezaubernde »Pastelle« aus der Valepp verdanken, und sein Freund Karl

Kurs auf Schliersee

»Wir wollen begeistern«
Mit Arbeitskreisen und Gästebefragungen hat die Gemeinde Schliersee ihr »Leitbild 2000/2010« – Konzepte zur Gemeindeentwicklung – erstellt. Herzlichkeit und Freundlichkeit stehen gegenüber den Gästen im Vordergrund beim Ausbau mannigfacher touristischer Dienstleistungen.

Natur als Erlebnis
Dorfgestaltung und Fremdenverkehr im Einklang mit der Natur ist ein weiteres Ziel, auf das alle künftigen Planungen und Entwicklungen abgestimmt werden.

Vorrang für Kinder und Familien
Den Ansprüchen und Wünschen von Kindern und Familien widmet das Leitbild besondere Aufmerksamkeit. Ebenso wie in der Erhaltung des natürlichen Lebensraumes liegen in der Förderung der Kinder die Ressourcen von morgen.

Sixtus-Alpentriathlon
Triathlon findet immer mehr Anhänger, und der »Sixtus-Alpentriathlon« trägt hierzu seit vielen Jahren bei. Seit 1995 ist er Teil der bedeutendsten europäischen Triathlon-Serie, des Europacups. Mit einem Gesamtpreisgeld von 67 000 Euro ist der aus neun hochkarätigen Events bestehende Circuit eine äußerst attraktive Rennserie für die internationale Elite. Der Alpen-Triathlon ist dabei der Wettkampf, der die härtesten Anforderungen stellt. Mit seinen extrem selektiven Strecken ist er eines der Highlights des Circuits.

Doch nicht nur die Elite wird einer harten Prüfung unterzogen, auch für Hobbyathleten, die mit eigener Wertung starten, ist dieser Parcours eine Herausforderung. Wer durchhält, wird mit einem abwechslungsreichen und landschaftlich reizvollen Naturerlebnis belohnt.

Das Ledererhaus in Schliersee

Haider, der bekannten Malern wie Wilhelm Leibl, Arnold Böcklin, Franz von Stuck oder Franz von Defregger freundschaftlich verbunden war. Abends traf man sich gern in der »Post«, um der hübschen Wirtin, der Fischer Liesl, beim Gesang zuzuhören. Dies Vergnügen ließ sich sogar der König nicht nehmen.

Dem Boden jahrhundertealter Tradition, die sich im Schutz der Berge so lange Zeit unverletzt bewahren konnte, entwuchs eine auch Reihe berühmter einheimischer Künstler. Da waren nicht nur die Bau- und Stuckmeister der Familie Zwerger, die malenden Brüder Johann Baptist und Michael Böham über den dörflichen Kreis hinaus bekannt geworden; auch das Werk der Schlierseer Kistler und Hafner wurde wegen seiner Qualität nicht weniger geschätzt. Davon kann sich im Heimatmuseum noch heute ein jeder überzeugen.

Untrennbar verbunden ist der Name Schliersees auch mit seinem Großen Bauerntheater. Der bayerische Hofschauspieler Konrad Dreher und der begnadete Wirt und Komedispieler Xaver Terofal waren die Gründer dieser Bühne, deren Schauspieler im Jahre 1892 zusammenfanden. Nach der Überwindung erster Widerstände durften sie jahrzehntelang eine glanzvolle Karriere feiern, die sich in zahlreichen Auslandsgastspielen niederschlug und Schliersee in der ganzen Welt bekannt machte. Ihre bejubelten Stücke führten »die ganze Liebe des Oberlandlers zur bunten Tracht, zu Spiel, Lied und Tanz, zu Mummenschanz und Komödie« den Berlinern ebenso lebensprall vor Augen wie den New Yorkern oder den Soldaten der Westfront. Und so war es nur konsequent, dass sich am Schlierseer Spiel nicht nur prominente Bayern wie Ludwig Thoma, sondern auch Nordlichter wie der Dramatiker Henrik Ibsen und der alte Kanzler Bismarck ergötzten.

Auch wenn es um die einst so gefeierte Bühne still geworden ist, hat Schliersee dadurch nichts an Anziehungskraft eingebüßt. Lediglich die Akzente haben sich verschoben. Verluste des Lokalkolorits und der Originalität konnte man mit der Wiederbelebung alten Brauchtums und einer historischen Tracht kompensieren, Bemühungen, die Trachtenvereine und Gebirgsschützen gleichermaßen eifrig unterstützen. Dies wird natürlich honoriert von treuen Gästen, die im reichen Angebot des Kurmittelbetriebes, den optimalen Freizeitmöglichkeiten der Gemeinde im Sommer wie im Winter all ihre Urlaubsvorstellungen verwirklicht sehen.

Seit der Entdeckung des Spitzinggebietes als Skizentrum und Bergsteigerrevier ist im Schlierseer Winkel eigentlich das ganze Jahr über Saison. Seinen Verlockungen kann sich kaum einer verschließen, und deshalb geht's manchmal schon ein wenig hektisch her auf den Straßen rund um den kleinen See. Wenn aber mit der Dämmerung langsam der lärmende Ausflugsverkehr erstirbt, sich später über die Brecherspitz der Mond stiehlt und silbernes Gewölk aufzieht, dann gewinnt der Schlierseer Winkel endlich seine Verträumtheit zurück, die ihn so besonders reizvoll macht.

Tegernsee

4200 Einwohner, 22,77 qkm Fläche
732 bis 1264 m über NN

Informationen
Stadtverwaltung Tegernsee
Rathausplatz 1
83684 Tegernsee
Telefon 08022 / 1801-0
Fax 08022 / 1801-22

Kuramt Tegernsee
Hauptstraße 2
83684 Tegernsee
Telefon 08022 / 180140
Fax 08022 / 3758
e-mail: Info@tegernsee.de
Internet: www.tegernsee.de

Tourismus
12 Hotels, 2 Gasthöfe
11 Gästehäuser, 16 Privatvermieter
2 Sanatorien
Ferienwohnungen
Gaststätten und Restaurants

Sehenswürdigkeiten
Ludwig-Thoma-Haus, Ludwig-Ganghofer-Haus
Stieler-Haus, Olaf-Gulbransson-Museum,
Museum Tegernsee Tal – Kultur und Geschichte
Ehem. Klosterkirche mit Fresken von Asam (Schloss),
Kapelle Maria Schnee, Prinzen-Kapelle, Neureuth-Kapelle, Riederstein-Kircherl

Sport und Freizeit
Sport- und Freizeitgelände auf der Point, Freibad, Strandbad, Hallenbad mit Gesundheitszentrum »Aqua Vital«, Tennisplatz, Golfplatz, Beach-Volley-Platz, Segeln, Surfen, Rudern, Wandern, Radfahren, Schiffsrundfahrten, Wald-Erlebnispfad

Feste, Veranstaltungen
Frühjahrsmarkt (3. So nach Ostern), Herbstmarkt (1. So im Sept.), Waldfest (Mitte Juli), Seefest mit Brillantfeuerwerk (Anf. Aug.), Tegernseer Woche (Ende Sept./Anf. Okt.), Jagdtage (Nov.), Christkindlmärkte (Dez.)

Tegernsee – heilklimatischer Kurort in spektakulärer Lage

Hoch hinauf bis zum Bergforst der Neureuth erstreckt sich der heilklimatische Kurort am östlichen Seeufer, dessen Zentrum sich dekorativ um die ehemalige Wittelsbach'sche Sommerresidenz, den Torso der geschichtsstolzen Abtei, gruppiert. Aufgrund seiner eng mit dem klösterlichen Geschick verbundenen Vergangenheit wurde das Gesicht Tegernsees jahrhundertelang vom Wirken seiner Mönche geprägt. Starke Akzente erfuhr der Ort dabei durch das Handwerk, das seine Stellung noch heute behauptet, jedoch in deutlich bescheidenerem Maße: Immerhin waren dort zu Beginn des 19. Jahrhunderts unter anderem sechs Bäcker, zehn Müller, sieben Schmiede, acht Schäffler, zwölf Weber und dreizehn Schuhmacher tätig gewesen.

Von den damals neunzig landschaftsgestaltenden Bauernhöfen konnte sich allerdings gerade eine Handvoll in die Gegenwart herüberretten. Zu Tegernsees prominentesten Bürgern zählten neben dem Hofmaler Josef Stieler und seinem Sohn Karl auch Ludwig Ganghofer, Ludwig Thoma, Olaf Gulbransson und Hedwig Courths-Mahler. Sie alle schätzten neben den Segnungen einer frühzeitig eingerichteten Infrastruktur mit Bahn- und Poststation, Ämtern, Kommunalbetrieben und regelmäßigen Märkten auch die kulturellen Möglichkeiten der Begegnung, die Tegernsee eine Sonderstellung unter den Gemeinden des Tales sicherte. Dank einer reichhaltigen Offerte an Theateraufführungen, Kirchenkonzerten zweier Chöre, gelungener Präsentation des heimischen Kunsthandwerks, Veranstaltungen des modernen Gymnasiums (Fortsetzung der benediktinischen Bildungsarbeit), der Volkshochschule und zweier sehenswerter Museen, konnte die Stadt diesen Rang bis heute behaupten – im Zusammenhang mit dem Kurangebot von Sanatorien und vielfältigen sportlichen Betätigungsmöglichkeiten wahrlich eine »runde« Sache.

Begonnen hatte die Geschichte des Ortes im Jahre 746, als im bis dahin unbewohnten Tegernseer Tal zwei Brüder auf dem Geröllkegel des Alpbaches ein Familienkloster gründeten und es mit Benediktinern der Abtei St. Gallen besetzten. Adalbert und Oatker – mächtige Agilolfinger – brachten in das Stift damals so bedeutenden Grundbesitz ein, dass seine Fortdauer für alle Zeit gesichert schien. Bald entsprach man der Bitte dieser beiden Hochadeligen und überführte die Reliquien des hl. Quirinus von Rom in die Konventskirche. Im Jahr 788, nach dem Erlöschen der Agilolfinger, wurde die Abtei königlich-fränkisches Eigenkloster und profilierte sich sehr bald durch bemerkenswerte kulturelle Leistungen. Nach der durch den Bayernherzog Arnulf verfügten ersten Säkularisation begann das Stift allerdings vorübergehend zu verfallen, erstand aber – wie einst Phönix aus der Asche – in um so größerem Glanze, als es durch Kaiser Otto II. im Jahre 978 als Reichskloster wiedergegründet wurde.

Bereits um die Jahrtausendwende erlebte die Abtei ihre erste Hochblüte: Tegernseer Benediktiner schufen nicht nur die Bronzetüren der Dome von Augsburg und Hildesheim, die ersten bemalten Glasfenster des

Schloss mit ehemaliger Klosterkirche

Olaf-Gulbransson-Museum

Olaf Gulbransson lebte lange Jahre in Tegernsee. Das Museum widmet sich den Werken und dem Leben des bekannten Norwegers: Karikaturen für den »Simplicissimus«, Zeichnungen, Bilder und Gemälde, gezeigt werden aber auch Fotografien und eine Videodokumentation. In regelmäßigen Sonderausstellungen wird das Werk seiner Zeitgenossen beleuchtet, auch werden die Arbeiten der jährlichen Gulbransson-Preisträger vorgestellt. Der helle und moderne Flachbau ist auch architektonisch ein Gewinn für den Kurpark.

Museum Tegernseer Tal – Kultur & Geschichte

Das Heimatmuseum im ehemaligen Pfarrhof wurde in den vergangenen Jahren aufwendig völlig neu gestaltet und präsentiert einen umfangreichen Überblick über die Geschichte Tegernsees und des Tegernseer Tales. In siebzehn Räumen werden rund 850 Ausstellungsobjekte vom 14. bis zum 20. Jahrhundert gezeigt. Neben Exponaten zur reichen Geschichte der Region liegt der Schwerpunkt auf Zeugnissen des bäuerlichen Lebens und des traditionellen Handwerks. Viele Zeugnisse wurden erst in den letzten Jahren durch Schenkung, Kauf oder Leihgabe erworben und sind erstmals öffentlich zu sehen.

Tegernseer Woche für Kultur und Brauchtum

Ein besonderer Höhepunkt des kulturellen Lebens ist sicher die »Tegernseer Woche für Kultur und Brauchtum«, die jährlich in der Zeit Ende September bis Anfang Oktober stattfindet. Der Bogen der musikalischen Darbietungen spannt sich dabei von Musik aus der Klosterzeit bis zu Werken zeitgenössischer Komponisten aus dem Tal.

Sport und Erholung im See und auf den Bergen

Der Tegernsee bietet vielfältige Möglichkeiten des Wassersports, wie etwa Surfen, Segeln, Rudern, Tauchen und Schwimmen. Besonders reizvoll ist eine Bootsrundfahrt mit den Schiffen der Weiß-blauen Flotte der Bayrischen Seenschiffahrt, der südliche Rundkurs wird auch im Winter bedient.

Mit einem Sportgelände auf der Halbinsel Point, Tennisplätzen, einem Golfplatz, einem Natureisplatz im Winter, Hallen- und Seebädern, sowie den vielen Kilometern Spazier- und Wanderwegen ist für jeden etwas geboten.

Besonders lohnende Ausflugsziele sind die Orte um den Tegernsee und die in unmittelbarer Nähe gelegenen Berge: Zu erwähnen wären hier die Gondelbahn auf den Wallberg, die Sesselbahn auf den Stümpfling, Wanderungen auf die Neureuth, den Galaun, den Riederstein und die Bodenschneid. Im Winter erwarten den Skifahrer kilometerlange Langlaufloipen und attraktive Skihänge.

Brauerei und Bräustüberl

Vom Kloster Tegernsee aus nahm die bayrische Braukunst ihren Lauf. Bereits im Mittelalter hatten die Tegernseer Benediktinermönche einen ausgezeichneten Ruf als Braumeister. Von ihnen haben die Münchner das Bierbrauen gelernt. In der Herzoglichen Schlossgaststätte mit ihrem schönen, schattigen Biergarten und im volkstümlichen, oft ziemlich lärmigen Bräustüberl kann heute noch jeder an dieser weltlichen Tradition teilhaben.

Reiches, sondern auch prächtige Evangeliare. Sie schrieben den ersten deutschen Roman »Ruodlieb« und den »ludus de Antichristo«, dessen Uraufführung sogar Friedrich I. Barbarossa beiwohnte. Die baldige Verleihung der Pontifikalinsignien und die Erhebung in den fürstlichen Rang einer freien Reichsabtei erscheinen im Licht der damaligen eindrucksvollen Fakten nur konsequent. Symbolisch eingeleitet von einer Brandkatastrophe folgte jener glanzvollen Blütezeit aber ein kultureller Niedergang, Ausdruck der Veränderung mittelalterlicher Denkstrukturen und seiner Moralvorstellungen. In diese Zeit des Umbruches fiel auch der legendäre Besuch des Minnesängers Walther von der Vogelweide, dem man verachtungsvoll nur Wasser reichte, anstatt ihn zu bewirten und seinen Liedern zu lauschen.

Erst der Beginn des 15. Jahrhunderts brachte neue Besinnung und Wende. Damals wurde die romanische Klosterbasilika zum spätgotischen Prachtmünster mit 24 Altären umgestaltet. Die Bibliothek als eine der größten von Europa umfasste über 2000 Handschriften und 1000 Wiegendrucke. Im nächsten Jahrhundert geriet das Stift zur Hochburg altsprachlicher und den Werten der Antike verpflichteter Wissenschaften und stellte unter anderem die Äbte von Andechs, Benediktbeuern, Scheyern, Oberaltaich, Rott am Inn, Metten und Göttweig. Künstlern aus Italien hatte man im 17. Jahrhundert die Barockisierung der Klosterkirche anvertraut; für Fresken und Bilderschmuck sorgte der damals in Tegernsee ansässige Hans-Georg Asam, dessen Söhne Egid Quirin und Cosmas Damian auf Kosten des Konvents in Rom ausgebildet wurden. Als Höhepunkt der barocken Blütezeit des Klosters darf dann die Wahl des Abtes Gregor I. Plaichshirn zum Primas der neugeschaffenen Bayerischen Benediktinerkongregation gesehen werden: Tegernsee war auf dem Zenith seiner Macht und seines Ansehens angelangt. Da diktierte ihm nur wenig später, im Jahre 1803, die staatlich verfügte Säkularisation einen grausamen Tod in schönster Blüte. Die zu dieser Zeit auf 80000 Bände angewachsene Bibliothek wurde aufgelöst und verhökert, das Stift teilweise abgerissen und der Konvent vertrieben.

Seerundfahrt mit der weiß-blauen Flotte der Bayerischen Seenschiffahrt

Blick in die Rosenstraße

Unversehens geriet die aufs engste wirtschaftlich und rechtlich mit dem Kloster verbundene Bevölkerung in ärgste Not. Ein gnädiges Geschick wollte es jedoch, dass sich im Jahre 1817 König Max I. Joseph derart in das Tegernseer Tal verliebte, dass er die Reste der Abtei erwarb und sie zu seiner Sommerresidenz umbauen ließ. Mit dem Einzug der Wittelsbacher in das ehemalige Tegernseer Kloster begann nun eine neue Epoche, die das Gesicht der Landschaft und des Ortes völlig verändern sollte.

Unter der klassizistischen Fassade Leo von Klenzes vermag man das wahre Alter der ehemaligen Klosterkirche kaum noch zu ahnen. Der mächtige Sakralbau bezieht seinen architektonischen Reiz weitgehend aus der Umgestaltung im 17. Jahrhundert. Nur ein Trick, die Umfunktionierung zur Pfarrkirche, bewahrte ihn 1803 vor den Spitzhacken der Säkularisation. Ein älteres Barockportal, über dem ein Marmorrelief an die Stifter erinnert, geleitet durch die freskenreiche Vorhalle in die dreischiffige Basilika. Ihr weist das frühe Beispiel barocker Gestaltung durch italienische Künstler in Bayern einen hohen künstlerischen Wert zu. Von den vielen prachtvollen Altären der Frühzeit sind leider nur drei erhalten geblieben. Den reichen Freskenschmuck gestaltete der Kirchenmaler Hans Georg Asam, der unter anderem den mirakelreichen Tod des hl. Quirinus, das Leben Jesu und die Klostergründung bilderreich in Szene zu setzen verstand; das krönende Kuppelbild blieb der puttenumjubelten Aufnahme der Kirchenväter in den Himmel vorbehalten.

Nach derart geballtem künstlerischen Genuß sollten freilich auch die leiblichen Freuden nicht zu kurz kommen. Tür an Tür zur Klosterkirche lädt das gemütliche Bräustüberl zum Besuch ein, das weit über die Landesgrenzen hinaus bekannt ist. Nun erst erfährt die Gnade des Ortes ihre Erfüllung zum Dreiklang, der all das vereinigt, »was altbaierische Herzen liebten...: ein Königsschloss, eine Kirche und ein Bräu«. Dieser treffend formulierten Erkenntnis des Historikers Treitschke ist eigentlich nichts mehr hinzuzufügen.

Valley

2500 Einwohner, 43 qkm Fläche,
795 m über NN

Information
Gemeinde Valley, Unterdarching
Pfarrweg 1
83626 Unterdarching
Telefon 08024 / 92489
Fax 08024 / 3831

Tourismus und Gastgewerbe
Privatzimmer
zahlreiche Gasthöfe, Restaurants und Biergärten

Freizeit und Sport
Wander- und Radwege zwischen Mangfall und Voralpenland

Sehenswürdigkeiten
Grabfunde im südlichen Höllgraben
Römischer Meilenstein vor dem Valleyer Schloss
Pfarrkiche Johannes-der-Täufer in Unterdarching mit Allerheiligen-Bild Jan Polacks
St.-Michaelskirche in Oberdarching
Todesangst-Christi-Kapelle am tiefsten Punkt des Mangfall-Knies
Mangfallbrücke, 73 m hoch
Orgelmuseum im Alten Schloss

Nicht nur durch landschaftliche Idylle entlang des malerischen Mangfalltales zeichnet sich das Gebiet der ehemaligen Grafschaft Valley aus. Sie darf auch den Superlativ für sich in Anspruch nehmen, das älteste Siedlungsgebiet des Landkreises Miesbach zu sein. Als einzige der Gemeinden war sie über eine ehemalige Militärstation einst auch mit der ewigen Stadt verbunden: von Valley führte der Weg – wie alle Wege – nach Rom. Während die Nachbarkommunen die Zeugnisse ihrer Geschichte stolz wie einen Nibelungenschatz hüten, gestaltete sich hier der Fundus der Vergangenheit so reichhaltig, dass seine Auflistung allein schon den Rahmen dieser Ortsstudie sprengen würde.

Als Zentrum der dichten, über 2000jährigen Besiedelung, die sich am Flußufer und seinen geschützten Böschungen konkretisiert hatte, darf der Bereich des heutigen Besitzes des Grafen Arco auf Valley gelten; den Schlossberg hatte schon in der Bronze- und Hallstattzeit eine Befestigung gekrönt.

Eine Tischorgel, kleinstes Instrument des Valleyer Orgelmuseums

Das »Alte Schloss« ist heute Sitz des Orgelmuseums, hier schrieb Michael Ende »Momo«

Um die Entstehung des Namens »Valley« hat es im Lauf der Zeit viele Spekulationen gegeben. Während ihn die einen auf eine keltische Göttin »Phalleia« oder »Fallada« zurückführen, zu deren Verehrung hier eine Opfer- oder Tempelanlage gestanden haben soll, leiten ihn andere vom lateinischen Wort »vallum« (gleich Tal für das Mangfallknie) ab, wie die römischen Besatzungstruppen den gewaltigen Flussgraben mitten im Flachland nannten. Noch heute erinnert im gräflichen Anwesen die Kopie eines römischen Meilensteins aus dem Regnum des Septimius Severus an die große Kolonialstraße, die von Salzburg nach Augsburg unweit von hier vorbeigeführt hatte.

Unter den vielen Funden im Valleyer Raum fügt sich einer besonders glücklich in die bäuerliche Tradition des Miesbacher Landes ein: 1874 waren in einem Kiesbruch der Maxlmühle drei, vermutlich fürs Vieh gedachte Bronzeglocken ausgegraben worden, die daran erinnern, dass unsere Almwirtschaft mindestens bis auf römische Anfänge zurückblickt.

Die Gemeinde Valley stellt heute nicht einen größeren Ort, sondern den lockeren Zusammenhang mehrerer Einzeldörfer dar, die von Unterdarching aus verwaltet werden. Trotz einer großen Anzahl von Zuwanderern im Sog neuzeitlicher Baumaßnahmen wie der Münchner Quellfassungen oder der Autobahnbrücke über die Mangfall – mit über 300 Metern Länge und 65 Metern Höhe sehr imposant – darf die Sozialstruktur der heutigen Gemeinde immer noch als weitgehend homogen bezeichnet werden, wie auch ihr Charakter überwiegend von bäuerlichen und handwerklichen Betrieben gezeichnet ist, denen sich auch eine Handvoll größerer mittelständischer Unternehmen beigesellte. Bürgerlichem Heimatbewußtsein fühlen sich mehrere rührige und traditionsstolze Vereine verpflichtet. Dass

Geburtsort von Momo

Michael Ende, Autor von »Jim Knopf und Lukas der Lokomotivführer«, lebte von 1965 bis 1971 im »Alten Schloss« zu Valley. Hier entstand sein Roman »Momo«, einer der bekanntesten (Kinder-) Romane des 20. Jahrhunderts, der auch aufwendig verfilmt wurde.

Die größte Orgelsammlung der Welt

Zwischenzeitlich beherbergt das »Alte Schloss« eine beeindruckende Sammlung mit Exponaten aus Österreich, der Schweiz und Deutschland aus der Zeit seit 1860 bis heute. Darunter kleine Tischorgeln und die Orgel aus der Wallfahrtskirche Gößweinstein, die 3000 Pfeifen und 42 Register besitzt. Dieses Orgelwerk ist im Erdgeschoss in einem Orgellehrpfad erschlossen. Im kleinen Konzertsaal sind vier Instrumente aufgebaut, auf denen regelmäßig Konzerte aufgeführt werden. Der hier ansässige Denkmalpfleger für Orgeln des Freistaates Bayern hat jedoch nicht nur die Orgeln zusammengetragen, sondern er konserviert hier einen Teil des Weyarner Musikfundus. Die 700 noch erhaltenen Handschriften sind für die Kirchenmusik eine Entdeckung, die jetzt zur Aufführungsfähigkeit rekonstruiert werden.

Naherholung im Mangfalltal

Valley verfügt nur über wenige Gästebetten, ist aber ein beliebtes Ausflugsziel. Das Mangfalltal und der nahe Taubenberg verlocken zu Spaziergängen, Wanderungen und Radtouren. Mehrere Gasthöfe und schöne Biergärten sorgen anschließend für Speis und Trank.

St. Michael in Mitterdarching, eine der in Bayern seltenen romanischen Kirchen

man besonders dem gräflichen Haus verbunden ist, unterstreichen die beiden Wappen derer von Senftenau und Arco, die das dörfliche Verwaltungsgebäude zierten und lange Zeit ein eigenes Gemeindeemblem ersetzten.

Die Geschichte dieser Herrschaft ist von einer Vielzahl wechselnder Besitzverhältnisse gekennzeichnet. Ein im Jahre 920 erwähnter Arnold an der Sempt ist als erster Eigner der Grafschaft Valley bekannt. Ihm folgten nach den Scheyrer Wittelsbachern eine Reihe weiterer adeliger Familien, wie die der Tock, Ahaimer und Seyboldsdorfer. 1631 erhielt dann Wilhelm IV. von Maxlrain den Besitz und gründete eine Brauerei, die noch heute einen geschätzten Trunk liefert. Nach seinem Tod wechselten abermals häufig die Herren der Hofmark, deren Machtbereich sich bis Föching und Kleinpienzenau erstreckte. Erst während des 19. Jahrhunderts traten die Grafen von Arco zu Oberköllnbach das Erbe an, die ihren Namen auf die Stammburg Arco am Gardasee zurückführen und deshalb den Bogen (lateinisch »arcus«) im Wappen führen. Sie sind bis heute die Schlossherren geblieben.

Mag ihr Besitz auch den geschichtlichen Mittelpunkt der Gemeinde markieren, trifft dies politisch auf die uralte Gemeinde Darching zu, deren Geschick seit dem 6. Jahrhundert insbesondere den Klöstern von Tegernsee und St. Sebastian in Ebersberg verbunden war. Schon die Pfarrkirche St. Johannes Baptist weist auf die Tradition einer frühchristlichen Taufkapelle hin. Neben eindrucksvollen Grabepitaphen und Figuren des 15. Jahrhunderts bergen die Mauern dieses häufig umgebauten Gotteshauses auch ein Meisterwerk der Spätgotik, die Rosenkranztafel des Krakauer Malers Jan Polack, der uns in Schliersee noch einmal begegnet, und ein 1743 gefertigtes großes Votivbild, das über die Verschonung vor einer Tierseuche berichtet. Den Reigen liebenswerter bäuerlicher Kirchen setzen St. Michael in Mitterdarching und St. Korbinian in Landern fort, beide von der Handschrift des bäuerlichen Barock deutlich gezeichnet. St. Andreas in Hohendilching überrascht mit einer Darstellung aus dem Martyrium des hl. Emmeram, der im nahen Kleinhelfendorf 652 seine Mörder fand und vermutlich über die Gründung manches Baptisteriums auch dem Schicksal unseres Landkreises verbunden war. Das Glanzlicht in der Legende sehenswerter Kircherl aber setzt ausgerechnet das kleinste: die erst kürzlich renovierte Schmidhamer Pestkapelle mit einem wertvollen Flügelaltar der Gotik.

Dermaßen verwöhnt also die geschichtsträchtige Valleyer Gegend, deren bildstockreiche Fluren vom Glauben ihrer Bevölkerung künden, den Wanderer auf der Suche nach der verlorenen Zeit. Um ein Haar – und es hätte das moderne Industriezeitalter seine Wunden in diese landschaftliche Harmonie geschlagen. Seit dem Bau der städtischen Wasserleitung hatten die Irrlichter austretender Erdgase, vom Volk anfangs noch für ruhelose Seelen von Valleyer Gutsherrn gehalten, das Vorhandensein petrochemisch nutzbarer Bodenschätze angezeigt. Deshalb wurden im Darchinger Umkreis durch Bohrungen mehrere Erdöllager erschlossen. Doch sprudelt das »schwarze Gold« nur relativ spärlich, so dass den Valleyern und dem Landkreis Miesbach die fragwürdigen Bilder einer technisch überbauten Landschaft erspart geblieben sind.

Waakirchen

5548 Einwohner, 42,34 qkm Fläche
759 bis 817 m über NN

Informationen
Gemeindeverwaltung Waakirchen
Tegernseer Straße 7
83666 Waakirchen
Telefon 08021 / 9028-0
Fax 08021 / 9028-32

Fremdenverkehr
12 Gaststätten z. T. mit Fremdenzimmer
Private Gästehäuser und Ferienwohnungen
Urlaub auf dem Bauernhof
1 Sporthalle mit Sportplatz
2 Tennisanlagen
1 Golfplatz (Margarethenhof)
1 Minigolfanlage
Wander- und Radwege
Langlaufloipen
Therapie-Reiten im Straußenhof

Sehenswürdigkeiten
Heilig-Kreuz-Kirche in Schaftlach
St. Jakobus in Piesenkam
St. Georg in Georgenried
St. Martin in Waakirchen
Bauernhäuser aus dem 17.,18. und 19. Jahrhundert

Feste, Veranstaltungen
1. Sonntag im Mai: Kreuzritt und Zugleistungsprüfung der Pferde
25. Juli: Patronatstag in Piesenkam
3. September: Kappl-Fest in Allgau-Kappl
6. November: Leonhardifahrt in Bad Tölz
11. November: Martinsfest in Waakirchen
4. Dezember: Barbarafest in Marienstein
24. Dezember: Gedenkgottesdienst an die Sendlinger Mordweihnacht

Ausflugsziele
Wanderung von Schaftlach zum Kloster Reutberg und Kirchsee

St. Martin in Waakirchen

Nicht nur ihre Lage auf einem Moränenzug des ehemaligen Isargletschers weist der Gemeinde Waakirchen einen Sonderstatus zu. Auch ihre Bewohner empfingen – obwohl geschichtlich seit dem 12. Jahrhundert eng mit dem Tegernseer Kloster verbunden – manche Einflüsse aus dem anschließenden Isartal. In dessen Sagenkreis, der Waakirchen mit einbezieht, drückt sich die enge Verbindung der Gemeindenachbarn in mannigfacher Weise aus.

Das Umfeld des hübschen Ortes mit seinen alten Bauernhäusern, dessen Rathaus seit der Gemeindereform auch für die Geschicke der Nachbardörfer Piesenkam, Schaftlach, Hauserdörfl und Marienstein verantwortlich zeichnet, wird heute noch weitgehend von landwirtschaftlichen Anwesen geprägt.

Obgleich man ein geradezu riesiges Gebiet an unzerstörter Erholungslandschaft besitzt, spielt der Fremdenverkehr im Gemeindegebiet nur eine eher bescheidene Rolle. Dies erstaunt um so mehr, als die oben erwähnte günstige Lage zwischen Tegernseer Tal und Isarwinkel mit dem schönen Kurort Bad Tölz und seinem malerischen Marktplatz mit Sicherheit so manchem preisbewußten Aktiv-Urlauber entgegenkäme. Also verdienen die Waakirchner vorwiegend in der Landwirtschaft ihr Brot; daneben aber sichern ihnen mehrere mittelständische Betriebe wichtige Arbeitsplätze.

Wegen ihrer Lage auf der Moränenflanke litt Waakirchen Jahrhunderte lang – ähnlich wie Schaftlach, Holzkirchen und Otterfing – an Wassermangel, insbesondere in Herbst und Winter, wenn die nahen Bergquellen ihre Schüttung stark reduzierten. So mussten die Waakirchner wehrlos zwei verheerende Großfeuer hinnehmen. Auch die Kirche St. Martin war dabei einmal abgebrannt. Sie hatte bereits seit dem 9. Jahrhundert bestanden, als sich Waakirchen noch »Waheringa«

Ein Tribut an die Kraft des Mondes – der Mondbrunnen

Im ländlichen Leben spielte der Mond immer eine wichtige Rolle. Zeitweise war das Wissen über den Einfluss des Mondes verschüttet, doch zunehmend findet diese traditionelle Bauernweisheit wieder Anhänger. Ein Kunstwerk unserer Zeit ist der Mondbrunnen vor dem Waakirchner Schulhaus, geschaffen von dem weit über die Gemeindegrenze bekannten Bildhauer Otto Wesendonck, der das ehemalige Mesner-Gütl in Waakirchen bewohnt.

Viehzucht und Raumfahrt

In den Waakirchner Gemeinden betreiben noch etwa 100 Bauern Milchwirtschaft, Viehzucht und Heuverkauf. Auf anderen Höfen wird mit Pferdezucht, Pferdebeherbergung, ja sogar mit Hippotherapie ein immer moderner werdender Zweig der Landwirtschaft ausgebaut. In den Industriegebieten siedelten sich Handwerksbetriebe und mittelständische Firmen an. Heute wird in der ländlichen Idylle Waakirchens sogar für den Flugzeugbau und die Raumfahrt produziert.

Marienstein – heute nur noch Industriegeschichte

Marienstein verdankt sein Bestehen der Zementherstellung des Paul Deuringer, der von Oberkammerloh die Produktion ins Holzwiesenthal verlegte, das er – nach seiner Enkelin Maria – Marienstein nannte. Außerdem wurden Pechkohlevorkommen im Untertagebau ausgebeutet. So entstand in Nachbarschaft bäuerlicher Gemeinden eine für die Gegend ungewöhnliche Arbeitersiedlung. Doch wegen der zu geringen Flözstärke wurde die Förderung der Kohle 1962 eingestellt. 1998 schloss auch das Zementwerk.

Lebendige Traditionen

Das Brauchtum wird das ganze Jahr über gepflegt im Rhythmus vom Kirchenjahr, Heiligenfesten und Geschichte. Am Palmsonntag das Palmtragen, am 1. Mai das Maibaumaufstellen, Maibetteln von Burschen in Dirndlkleidern und der Maitanz. Dann am ersten Sonntag im Mai der Kreuzritt von Schaftlach zum Freikircherl und am Nachmittag die Zugleistungsprüfung der Pferdefreunde beim »Anderl«, die Patronatsfeiern der einzelnen Kirchen und das Barbarafest der Bergleute am ersten Dezembersonntag in Marienstein. Am Heiligen Abend gedenken die Gebirgsschützenkompanien vor dem Oberländerdenkmal – der bayerische Löwe auf der Bauernfahne, nach Sendling blickend – der tapferen Männer, die vor den Toren Münchens am Heiligen Abend 1705 im Kampf gegen die Kaiserlichen ihr Leben lassen mussten. Sie kommen aus dem ganzen Oberland, das ist Ehrensache. Waakirchen kann zu Recht als das »singende Dorf« bezeichnet werden: Weit über die Gemeindegrenzen hinaus sind die Waakirchner Sänger bekannt. Ihrem Repertoire sind auch die Schaftlacher und Piesenkamer Sänger gleichermaßen verpflichtet. Außerdem gibt es die Knappenkapelle, Trommler- und Blasmusikgruppen und bekannte Namen wie Herculan Wieser, Sepp Hornsteiner und den Zither-Manä.

Abwechslungsreiche Wanderwege und sonnige Loipe

Der Bahnhof der Waakirchner Gemeinde Schaftlach ist idealer Ausgangspunkt für landschaftlich reizvolle Touren zu Fuß oder mit den Langlaufskiern. Ebenso eignet sich die Umgebung zum Radfahren oder zu einer Erkundung hoch zu Ross.

Der Mondbrunnen von Otto Wesendonck

nannte. 1737 waren sogar die Glocken in der Feuersbrunst zerschmolzen und das Kirchenpflaster aus »Märmbelstein« zu Staub verglüht. Sehenswert sind die Altäre des Barockbildhauers Stephan Zwinck.

Das benachbarte Piesenkam darf gleichfalls auf eine mindestens 1000jährige Vergangenheit zurückblicken. 817 wird »Poasinpurron« bereits genannt. In der Kirche St. Jakob erinnern viele kleine Schnitzfiguren und das Deckengemälde von Troger an einstige Volksfrömmigkeit. Am Jakobitag feiern die Piesenkamer ihren kleinen Kirta zum Patroziniumsfest der Filialkirche, und Anfang September versammeln sich dann Jung und Alt zum prächtigen Kapplfest bei der Allgaukapelle. Obwohl dieses in einem Wäldchen versteckte Kircherl eigentlich dem hl. Gregor geweiht ist, entwickelte sich hier eine starke Marienverehrung zu »Unserer Lieben Frau in der Capel«. Lange Zeit lebte in der angebauten Klause ein Eremit, der den Kindern der Gegend nicht nur Gottesfurcht

St. Jakob in Piesenkam

vermittelte, sondern auch Schulunterricht erteilte.

Während in Piesenkam noch heute fast ausschließlich Landwirtschaft betrieben wird, zerfällt die Dorfstruktur des nahen Schaftlach in zwei Teile: den nach wie vor bäuerlichen, alten Kern im Osten und den westlichen neuen jenseits der Bahnlinie, mit seinem hohen Anteil an auspendelnden Arbeitnehmern. Diese Strukturveränderung erfuhr die schon 1014 erwähnte Gemeinde durch den Eisenbahnbau: im Jahre 1874 wurde die Strecke Holzkirchen-Tölz (heute führt sie bis Lenggries), wenig später die von Schaftlach nach Gmund und Tegernsee errichtet. Viele der damaligen Bahnarbeiter machten sich in Schaftlach ansässig.

Den Mittelpunkt des Dorfes bildet die Heilig-Kreuz-Kirche, ein gotischer Bau von 1476. Im Jahre 1735 hatte ein großer Brand nicht nur die umgebenden Bauernhäuser in Schutt und Asche gelegt, sondern auch das Gotteshaus schwer beschädigt, dessen wertvollster Besitz ein romanisches Kruzifix ist. An der Westempore sind die Statuetten der hl. Benedikt und Scholastika vom ehemaligen Tegernseer Chorgestühl zu sehen, neben dem Eingang zur Sakristei die Mutter mit Kind, in der Barockzeit üppig gekrönt. Wie Votivbilder illustrieren, war die Kirche früher ein beliebtes Wallfahrtsziel. Ab Mitte 2000 sind die katholischen Gläubigen mit ihren Gottesdiensten für zwei Jahre zu Gast bei ihren evangelischen Mitbürgern, denn das Gotteshaus wird gründlich renoviert – ein schönes Beispiel lebendiger und praktischer Ökumene.

Marienstein, von Waakirchen etwa vier Kilometer entfernt, verdankt seine Entstehung reichen Vorkommen von Kohle und Kalkmergel.

St. Georg in Georgenried bei Hauserdörfl mit seinen gotischen Netzgewölben und seiner besonders gut erhaltenen Ausstattung des 15. bis 17. Jahrhunderts ist ein wenig bekanntes kunstgeschichtliches Kleinod.

1905 war dank Waakirchner Initiative zu Ehren der verstorbenen Söhne des Oberlandes das sogenannte Oberländer-Denkmal – der bayerische Löwe auf der Bauernfahne, nach Sendling blickend – feierlich enthüllt worden.

Jährlich gedenken dort am 24. Dezember nach der Messe die Gebirgsschützenkompanien der tapferen Männer, die vor den Toren Münchens 1705 im Kampf gegen die Kaiserlichen ihr Leben lassen mussten. Da sich damals sowohl Adel wie Klerus geweigert hatten, den Aufstand mitzutragen, und sich deshalb schnell der Mantel verdrängenden Vergessens über die Bauernschlacht und ihre Helden gebettet hatte, gestalten sich heute Nachforschungen über den legendären Schmiedbalthes von Kochel entsprechend schwierig. Wir werden wohl niemals erfahren, ob er – wie die Waakirchner glauben – wirklich hier auf dem Chrysamgütl zuhause war.

Heimatliche Tradition im besten Sinne pflegten schon seit Kiem Paulis Zeiten die bekannten Waakirchner Sänger, die den Namen ihres Dorfes weit über seine Grenzen hinaus bekannt machten. Ihrem Repertoire, das weit über vierhundert Lieder umfasst, und der Kunst des Zusammensingens zur Zitherbegleitung fühlen sich gleichermaßen auch die Piesenkamer und Schaftlacher Sänger verpflichtet. Die bezaubernde Christmette, alljährlich von verschiedenen Musikgruppen gestaltet, beschert darum ein ganz besonders inniges Weihnachtserlebnis – unvergesslich wie so viele andere kirchliche Brauchtumstage der Gemeinde: das Barbarafest der Mariensteiner Knappen, der Almkirta auf dem Rechelkopf oder der Schaftlacher Kreuzritt. Und dann sind natürlich die Maiandachten von Georgenried zu erwähnen – dem ältesten gotischen Kircherl der Gegend – und die von Waakirchen, zu der sich die Gebirgsschützen versammeln: inniger kann man die »Patrona Bavariae« nicht verehren.

Warngau

3343 Einwohner, 51 qkm Fläche
726 m über NN

Information:
Gemeindeverwaltung Warngau
Taubenbergstraße 33
83627 Oberwarngau
Telefon: 08021 / 7470 und 1538
Fax: 08021 / 8038

Fremdenverkehr:
9 Gaststätten (51 Betten)
7 Ferienwohnungen
9 private Zimmervermieter (56 Betten)
Langlaufloipe (7,5 km)
Badeweiher Osterwarngau
Ausgebaute Rad- und Wanderwege
Flugplatz Warngau

Sehenswürdigkeiten:
Aussichtsturm am Taubenberg
Allerheiligen-Wallfahrtskirche

Feste und Veranstaltungen:
4. Sonntag im Oktober: Leonhardiwallfahrt nach Allerheiligen
Zahlreiche Veranstaltungen der örtlichen Vereine und Verbände (Veranstaltungskalender in der Gemeindeverwaltung erhältlich)
Theateraufführungen
Orgelkonzerte, Weihnachtskonzert

Ausflugsziele:
Wanderpfad zur Wallfahrtskapelle Nüchternbrunn
Taubenberg
Ausflüge in die nahen Berge oder zu den Seen: Tegernsee, Schliersee (diese sind auch mit der Bahn zu erreichen)
Zum Einkaufsbummel, zum Museumsbesuch oder zu abendlichen kulturellen Veranstaltungen mit der Bahn nach München

Wallfahrtskirche Allerheiligen

So mancher vorbeihastende Autofahrer mag, wenn die einsame Wallfahrtskirche Allerheiligen einen Augenblick lang über die Wiesen herübergrüßt, den Wunsch verspürt haben, dorthin eines Tages hinüberzuwandern und sich dann im riesigen Forst des Taubenberges davonzutrollen. Doch nur wenige finden den Weg nach Oberwarngau, die meisten Zeitgenossen eilen vorbei in die nahen Fremdenverkehrszentren. Dabei wäre dieser Landstrich von jeher für seine Besucher besonders attraktiv gewesen.

Am Kaiserbichl hatte man in den dreißiger Jahren bei Ausgrabungen die ersten »Zuogroasten«, genau 296 Bajuwaren, in ihrem ewigen Schlaf gestört, die mit ostwärts, dem Sonnenaufgang Heimdalls zugewandten Gesichtern hier ihren letzten Traum von Walhall träumten. Schwerter, Lanzen und Schilde waren ihnen in das Grab mitgegeben worden, auf die Reise in das Reich der Totengöttin; die Frauen trugen Ringe an Armen und Füßen. Auch von ihren Kindern und Kindeskindern entdeckten Archäologen in Warngau noch so manche Spur: Sie schliefen schmucklos dem Jüngsten Tag entgegen, da sie in der Warngauer Kirche St. Johannes Baptist zu Christen getauft worden waren. Marinus und Anian vom nahen Irschenberg hatten ihnen vielleicht einmal die neue Lehre verkündet, die ihrer Jenseitserwartung so entgegenkam. Wenig später – im Jahre 804 – wird zum ersten Mal »Uorngoi« urkundlich erwähnt. Fortan gehörte der Ort, der bereits 1314 in Western- und Osternwarngaw getrennt war, zum Einflußbereich des Klosters Tegernsee; dies belegen die Bannmeilen der Grünen und Weißen Marter, die sein Gebiet gegen das Stift Weyarn abgrenzten. Viele alte Flurnamen erinnern heute noch an diese vergangenen Zeiten: »am Weinberg« zogen Tegernseer Mönche vielleicht rassige Silvaner, »am Galgenberg« pflegte das örtliche Schergenamt hinzurichten, und »am Schlössl« residierten einst stolze Burgherren, die Ritter von Warngau.

Trachtenzug durch Warngau

Wie seit Urzeiten sind auch heute noch die Einheimischen vorwiegend in Forst- und Milchwirtschaft tätig; und ihr Handwerk blickt – die Namen Schmidham und Draxlham lassen's ja unschwer erraten – auf eine lange Tradition zurück.

Beherrscht wird das Warngauer Land mit seiner Vielzahl fruchtbarer und malerischer Wiesenfluren vom Massiv des mächtigen, 895 Meter hohen Taubenberges, dessen geologisch eigenständiges Profil die früher von Gletschereis bedeckten Schotterfluren weit überragt. Während seine Schultern nach Norden hin dicht bewaldet sind, öffnet sich sein Hochplateau mit einzelnen Wiesen nach Süden zum Ausblick über weites Land. Reiche Niederschläge im Staubereich der Alpen, vom bemoosten Waldboden gespeichert, machen den Taubenberg zum bedeutenden Quellgebiet, aus dessen Reserven sich vor allem die Stadt München bedient. Diesem Wasserreichtum hatte man wohl auch die frühe Besiedlung zu verdanken.

Ein Besuch der Wallfahrtskapelle von Nüchternbrunn lässt dies ahnen: die Wasser sprudeln fünfstrahlig aus den Wundmalen Christi und unterstreichen damit die Bedeutung dieses vielleicht uralten Quellheiligtums, das eine wahrlich ereignisreiche Geschichte hinter sich hat. Schon im frühen 16. Jahrhundert soll neben der Quelle eine hölzerne Klause gestanden haben. Im Jahre 1710 hat sich dann ein Münchner »Patron« bereitgefunden, bei diesem »Brünnlein, dessen Wasser bereits viel Guetes gewirkt«, auf seine Kosten eine kleine Kapelle zu erbauen. Wiederholt wurde der Bau, in dem immer wieder ein Klausner sein zurückgezogenes Leben in Andacht Gebet führte, ein Raub der Flammen. So geriet die Wallfahrtskapelle durch den schadhaften Kamin der Klause im Oktober 1940 in Brand, und der schwer gehbehinderte Klausner Pirk konnte nur mit Mühe sein Leben und einige Kirchengeräte retten. Auch die beiden kleinen Glocken waren eingeschmolzen und entgingen so dem Schicksal, als Kanonen zu den Schrecken des Zweiten Weltkriegs beitragen zu müssen. Nach dem Krieg wurde der Wiederaufbau zügig in Angriff genommen, und schon im Juli 1946 konnte der bekannte Münchner Kardinal Michael Faulhaber die neu errichtete Wallfahrtskapelle einweihen.

An manchen Festtagen, wenn die Warngauer oder Bauern der Wies hier herauf wallfahren, um sich der Schmerzensmutter anzuempfehlen, ist für Stunden neben dem Gebet auch das Lachen in der Klause eingekehrt, bis die Dämmerung Gottes Haus wieder in der Stille des Forstes verschließt.

Wer sich die Einsamkeit dieses noch gesunden Waldes erwandert, wird auch den Pflanzenreichtum seiner Wiesen schätzen lernen, die mit Seidelbast, Lerchensporn, Orchideen und Türkenbund das nahe Gebirge bereits ahnen lassen, wird – Schwammerln auf der Spur und Heidelbeeren naschend – so manches scheue Tier entdecken, bis er am Ende verzaubert der unvergleich-

Flugplatz Warngau

Wachsende Gemeinde mit guter Verkehrsanbindung
Züge im Stundentakt nach München und ein kurzer Weg über die B 318 zur A 8 München-Salzburg haben der Gemeinde einen Bauboom beschert.

Naturnahe Siedlungen um einen idyllischen Ortskern
In Ortsrandlage sind im oberbayrischen Stil Häuser und Wohnungen vor allem für junge Familien entstanden. Während die Väter und manche Mutter schnell ihre Arbeitsplätze erreichen, wachsen die Kinder auf dem anregenden und zugleich geschützten »Spielplatz« Dorf auf.

Expandierendes Gewerbegebiet
An den Grenzen des Gemeindegebietes, nahe zur Autobahn, ist ein stetig wachsendes Gewerbegebiet entstanden. Neu gebaute Zufahrtsstraßen wurden landschaftsschonend angelegt und durch Bepflanzung in die Natur eingefügt.

Anziehungspunkt Flohmarkt
Einmal im Jahr im Mai herrscht im Ortskern bereits am frühen Morgen geschäftiges Treiben. Händler und Privatleute aus der Region, aber auch aus ganz Bayern bauen ihre Stände für einen der schönsten Flohmärkte Oberbayerns auf. Bis in den späten Nachmittag vergnügen sich die Besucher auf der Suche nach einer Entdeckung.

Die Alpen aus der Vogelperspektive
Auf dem Sportflugplatz werden immer wieder Flugschauen veranstaltet. Hier kann man auch Rundflüge buchen.

Landschaft bei Einhaus

lichen Aussicht erliegt, die sich zu seinen Füßen auftut: eine bäuerliche Kulturlandschaft ohnegleichen bis hinüber zu den Ostiner und Haushamer Bergen. Einfach gewaltig.

Das Gleichmaß der Bepflanzung und Höfe dieser sogenannten Egartenlandschaft hat die Historiker zu den verschiedensten Überlegungen verführt. Während die einen darin den ordnenden Einfluß des Tegernseer Konvents bei der Landvergabe erkennen wollen, führen andere die Entstehung dieser Landschaft gar auf die Kelten zurück. Wie auch immer – anzunehmen ist, dass dieses Wiesenland von bäuerlichen Siedlern erschlossen wurde, die über katasterrechtliche Vorgaben hinaus wohl ihren gesunden Menschenverstand gebrauchten. Da sie wegen des rauhen Klimas und daraus resultierenden spärlichen Feldanbaus vor allem auf die Viehwirtschaft angewiesen waren, ergab sich von selbst das Mindestmaß ihrer Einzelhöfe aus den für Viehfütterung und Heugewinnung nötigen Weideflächen, damit auch die Ernährung der Tiere in den langen Wintermonaten gesichert war. Dieser Erfahrungswert verbot natürlich eine verkleinernde Parzellierung durch zusammenrückende Höfe. Dass sich die fürs Vieh nötige Eingrenzung dieser Großweideflächen leichter durch »lebende« Grenzen, die Hage, realisieren ließ als durch kostspielige und arbeitsaufwendige Holzzäune, erscheint logisch. Doch ihre Errichtung aus Buchen, Weißdorn-, Haselnuß- und Schlehdornbüschen erwies sich im nachhinein noch dazu als Optimum kultivierender Landschaftspflege: neben der abgrenzenden Funktion, die auch dem Großwild den Zutritt verwehrt, Erosionsschutz, Wasserspeicherung, Bodendüngung, stellen sie auch eine ökologische Nische für seltene Pflanzen und vor allem Vögel dar, deren Insektenfraß einen Pestizideinsatz entbehrlich macht.

Bedingt durch gleichartige Bodenbeschaffenheit zieht sich der Gürtel dieser Egartenland-schaft etwa 10 bis 15 Kilometer breit durch alle ehemaligen Herrschaftsbereiche des Landkreises von Waakirchen über Schaftlach, das Warngauer Gebiet und die Wies bis weit hinüber nach Irschenberg, wo ihm der abfallende Moränenzug des ehemaligen Inngletschers ein Ende setzt. Jeder der dortigen Einödbauern blieb bis heute König über ein kleines Reich.

Lediglich einzelne Gotteshäuser boten Kristallisationspunkte für die Zusammenlegung mehrerer Höfe; so auch für die Entstehung des Kirchdorfes Wall im Zentrum der Egartenlandschaft, das 1017 erstmalig in Tegernseer Handschriften erwähnt wird. Mancher seiner Höfe blickt auf eine fast tausendjährige, wenn nicht sogar noch ältere Tradition zurück, wie zum Beispiel die »Bürg« bei Bernloh. Deshalb lesen sich die Namen der Waller Bauern auf der Tafel in der Margarethenkirche auch, als gehörten sie zum Hochadel: Johannes Trost zum Trost, Georgius Schmid von Hetzenstein, Johannes Khray zum Kurlehen und Simon Eichl aufm Hungersberg – sie alle ließen bei der Sendlinger Mordweihnacht aus Heimattreue ihr Leben.

Aus dieser Bodenverbundenheit gelebte Tradition ist das tiefste Erlebnis, das man heute im Warngauer Land erfahren darf. Hier im Herzen des Landkreises ist blühendes Brauchtum noch ungebrochen und offenbart sich nicht nur an den Patroziniumsfesten der Kirchen von Warngau und Wall, sondern auch bei der erst vor wenigen Jahren wieder neu ins Leben gerufenen Leonhardiwallfahrt nach Allerheiligen. Die einsame Flurkirche vor dem Prospekt des Taubenberges, dekorativ von weit ausladenden Baumrabatten umrahmt, gerät dann zum Mittelpunkt eines prächtigen Rituals, bei dem bis auf wenige Schaulustige die Warngauer ganz unter sich und sich selbst genug sind.

Weyarn

3010 Einwohner, 47 qkm Fläche
671 m über NN

Information
Gemeindeverwaltung Weyarn
Ignaz-Günther-Straße 5
83629 Weyarn
Telefon 08020 / 1887-0
Fax 08020 / 1887-20
Internet: www.weyarn.de
e-mail: gemeinde@weyarn.de

Tourismus
12 Gaststätten (darunter 1 Hotel und 1 Gästehaus)
Private Gästehäuser und Ferienwohnungen
Urlaub auf dem Bauernhof
Sport- und Tennisplätze, Kinderspielplätze
Wander- und Radwege
Campingplatz am Seehamer See
Bademöglichkeiten
Kegelbahnen

Sehenswürdigkeiten
Klosteranlage und Stiftskirche St. Peter und Paul (Sitz der Deutschen Provinz des Deutschen Ordens) mit Werken von Ignaz Günther und Johann Bapist Zimmermann
Kirchen: St. Dionysius Neukirchen, St. Georg Kleinpienzenau, St. Jakobus d.Ä. Gotzing, Mariä Heimsuchung Kleinhöhenkirchen, St. Maria Esterndorf, St. Martin Holzolling
Rathaus, Fresken von Johann Baptist Zimmermann
Teil der Ausstellungsstraße Barock und Rokoko
Kulturpfad
Wassergewinnungsanlage der Landeshauptstadt München

Feste und Veranstaltungen
1. Mai: Maibaumaufstellen
29. Juni: Patronatstag mit Klosterfest
3. Wochenende im September: Textilmarkt
2. Sonntag im Oktober: Leonhardifahrt in Reichersdorf

Ausflugsziele
Taubenberg, Weyarner Lindl, Seehamer See

In tiefer Nacht, bevor die Osterglocken Christi Sieg über den Tod verkünden, könne man manchmal klagende Rufe über den Seehamer See hören, erzählt die Sage. Einer der heidnischen Burgherren finde nicht zur Ruhe...

Den Kern dieser schwermütigen Erzählung bildet die Urerinnerung an die Christianisierung Weyarns, jener Gemeinde am nördlichen Mangfallknie, die gleich mehrere Erinnerungsbelege an die Frühzeit besitzt: die Fentbachschanze bei Fentbach und die »Birg« bei Kleinhöhenkirchen, zwei keltische Fluchtburgen auf strategisch geschützten Moränenhügeln über der Mangfall. Diesen mächtigen Verteidigungsbauten, deren Wälle noch heute gut zu verfolgen sind, gesellen sich noch eine Reihe romanischer Burgställe bei Seeham, Pienzenau und Sonderdilching bei. Auch die bajuwarische Pionierzeit schlug sich in zahlreichen Ortsgrün-

Das ehemalige Augustiner-Chorherren-Stift, heute Sitz des Deutschen Ordens

Blick auf Weyarn

dungen, die christliche Missionszeit in altehrwürdigen Sakralbauten nieder, zum Beispiel dem Rupertikircherl bei Bruck. Durch und durch gestalteter, geschichtlicher Boden...

Doch erst seit der ersten Jahrtausendwende fügen sich die Mosaiksteine der Vergangenheit zum lückenlosen Bild. Weyarn erscheint erstmals als Besitz eines Grafen von Neuburg und Falkenstein, der sich hier ein Jagdschloss erbaut hatte; seinem herrschaftlichen Weinkeller soll die Gemeinde übrigens auch ihren Namen verdanken. Nach mehreren familiären Schicksalsschlägen schenkte Graf Sigeboth seinen Besitz dem Salzburger Erzbischof mit der Auflage, dort ein Augustinerchorherrenstift zu errichten. Die Stiftungsurkunde vom 9. Juni 1133 ist uns bis heute erhalten geblieben.

Gleich nach ihrer Gründung wird diese Abtei von herben Schicksalsschlägen heimgesucht: So brennt sie 1236 weitgehend nieder; der fast ein Jahrhundert später durchgeführte Wiederaufbau unter Einbeziehung der alten brandgeschädigten Tuffsteinmauern führt im Jahre 1350 zum nächsten Unglück, als der Neubau wieder in Schutt und Asche sinkt, da seine Fundamente nachgegeben hatten. Ein weiteres Mal rafft der Konvent nun alle Mittel zusammen und baut erneut. Zusammen mit Georg von Waldeck eilt der damalige Probst an den päpstlichen Hof zu Avignon und erreicht zur Verbesserung der finanziellen Situation die Einverleibung der Pfarrei Neukirchen. Wie die Ausstattung der Filialkirchen von Esterndorf, Sonderdilching, Reichersdorf und Pienzenau später verraten, wurden die nun reichlicher vorhandenen Mittel nicht nur zum eigenen, sondern auch zum Vorteil der Pfarrkinder genutzt. Damals verdienten sich die Weyarner Pröbste ihren guten Ruf als Mäzenaten, dem sie bis zur Säkularisation gerecht wurden. Erster großer, vom Stift beschäftigter Künstler war Erasmus Grasser, der im Abteibereich wunderbare Schnitzarbeiten hinterließ. Als dank der einträglichen Aufsicht über die Wallfahrtskirchen von Weihenlinden und Föching im 17. und 18. Jahrhundert das Kloster Weyarn eine späte Blütezeit erlebte, konnte es sich nunmehr noch bekanntere Künstler leisten.

Die nach einem erneuten Kirchenbrand fällige Barockisierung der Stiftskirche durch den Tessiner Lorenzo Sciasca, der vorher bereits in St. Ägidius zu Gmund tätig war, bescherte den prächtigen Andachtsraum, dessen Großzügigkeit erst die Einzelstücke seiner Ausstattung zur Geltung kommen läßt. Stuck und Deckengemälde besorgte der damals in Miesbach wohnende Johann Baptist Zimmermann. Unvergesslich machte Weyarn aber erst das Werk des aus München verpflichteten Ignaz Günther, der hier mit drei Prozessionstragegruppen seine künstlerisch wichtigsten Arbeiten hinterließ: eine Immaculata, eine Pietà und die großartige Verkündigungsgruppe, Höhepunkte der süddeutschen Rokokoplastik. Die beiden kürzlich renovierten Kapellen St. Jakobus und Mariä Hilf stellen weitere künstlerische Sehenswürdigkeiten des Ortes dar.

In solch herrlichen Sakralbauten musste natürlich auch die Pflege der Kirchenmusik blühen, der sich hier ein Dutzend Lehrer verschrieben hatten: Sie brachten im Seminar darüber hinaus noch Sing- und Theaterspiele zur Aufführung. Mit ungefähr 700 erhaltenen Handschriften stellt der Weyarner Musikfundus einen Glücksfall für die oberbayerische Musiktradition dar; sogar der Kiem Pauli aus Kreuth wurde hier noch fündig. Besonders rührend liest sich darunter ein für die Holzollinger komponiertes Weihnachtslied, das die Heilige Nacht mitten ins Dorf mit seinen Flur- und Hofnamen verlegt. Seine Einwohner begegnen der um Aufnahme bittenden Maria voller Liebe und Verständnis.

Ähnlich wie das Tegernseer Kloster traf auch das Weyarner Stift die im Jahre 1803 verfügte Säkularisation auf seinem Zenith. Einem Inventarverzeichnis der damaligen Prüfkommission verdanken wir eine Auflistung der Klosterräumlichkeiten, deren Vielzahl die Selbständigkeit der Abtei und ihre Bedeutung für das Umland verdeutlicht: Da hatte es neben einem guten Hundert weiterer Zimmer auch einen Apothekerkeller, ein Krautgewölbe, eine Tanzbühne und eine Hühnerdirnkammer mit Biberlstube gegeben.

An der Hand der kunstsinnigen Augustiner waren die Weyarner unbeschadet durch alle Zeitläufte geführt worden. Dabei bereitete auch das Arrangement mit den weltlichen Mächten keinerlei Schwierigkeiten. Die hier ansässigen Edlen von Pienzenau waren ohnehin meist auswärtig in Landshuter Diensten tätig. Auch mit den Waldeckern ließ es sich gut leben. Nur der Freisinn der Maxlrainer, die sich zur Reformation bekannten, brachte die Weyarner in Gewissensnot. Dementsprechend setzte die Abtei den Maxlrain'schen Gedanken entschiedenen Widerspruch entgegen. Doch viele der Pfarrkinder aus Neukirchen hielten es mit der weltlichen Obrigkeit und verschlossen sich lange Zeit hartnäckig der Kirchenaufsicht, die zuletzt mit Exkommunikation drohte. Erst die von Herzog Wilhelm verfügte Wirtschaftsblockade, »machte sie wieder katholisch«.

Unterm klösterlichen Patronat schien sogar im Dreißigjährigen Krieg alles glatt zu gehen. Doch raffte die Pest in der Pfarrei 391 Menschen dahin. Auf fast allen Höfen wechselten die Besitzer. Dass in Weyarn selbst nur drei Bürger ums Leben kamen, war den strengen Hygienevorschriften der fortschrittlichen Mönche zu verdanken, die den Leuten aus den Pestgebieten mit Straßenschranken den Zutritt in das Stiftsgebiet verwehrt hatten. Einen weiteren fürchterlichen Aderlass bedeutete dann die

St. Jakobus d. Ä. in Gotzing

Weyarn auf der Expo 2000
Als einziges Dorf Bayerns und als eines von zwölf Dörfern Deutschlands präsentiert sich Weyarn in Hannover auf der Expo 2000 mit dem Projekt »Dorf 2000«. Im Informationszentrum des Klostergebäudes zeigen Videos, CD-Roms und Ausstellungstafeln Wurzeln und Zukunft dieses Projekts.

Wegweisende Dorferneuerung
In zahlreichen Arbeitskreisen entwickelten Weyarns Bürger ihre Ziele für die Zukunft. Von der Direktvermarktung bis zur Ansiedlung von High-Tech-Unternehmen reicht das Spektrum der Projekte. Für die professionelle Begleitung sorgen die Bayerische Direktion für Ländliche Entwicklung und das Amt für Landwirtschaft und Ernährung in Miesbach. So wird die Agenda 21erfolgreich umgesetzt.

Kulturpfad durch Weyarn
Durch Kultur und Geschichte der Gemeinde führt dieser eineinhalbstündige Spaziergang vom Aussichtsberg durch den Ort zum Wasserwerk im Mangfalltal.

Wiederbelebung der Weyarner Klostertradition
1998 verlegte der Deutsche Orden seinen Sitz in das im Jahr 1803 säkularisierte Augustiner-Chorherren-Stift. Durch die Wiederaufnahme des Klosterbetriebes wird es gelingen, das prächtige Gebäude mit seiner über 800jährigen Geschichte dauerhaft zu erhalten. Stiftungen, Spenden und öffentliche Mittel werden aber nicht reichen, den gesamten Komplex zu sanieren, so dass – ganz im Zeichen der Dorferneuerung – in einem Teil der Gebäude ein Tagungs- und Kongreßzentrum entstehen soll.

Stiftskirche St. Peter und Paulus in Weyarn

Sendlinger Bauernschlacht, als sich den 400 Valleyern auch 80 Neukirchner hinter der Gotzinger Trommel zum Marsch auf München angeschlossen hatten, von denen die meisten ums Leben kamen – darunter Balthasar Riesenberger, Schmied von Bach bei Neukirchen, in dessen Person die Weyarner ihren legendären Schmied Balthes von Kochel sehen.

Weißblauer Gesinnung sind die Einheimischen bis heute treu geblieben. So unterhalten die Gotzinger eine Gebirgsschützenkompanie, örtliche Trachtenvereine dürfen auf blühende Traditionspflege stolz sein, und die Leonhardifahrt im nahen Reichersdorf zählt zu den schönsten im ganzen Oberland. Die Gegend ums Mangfallknie ist bis heute blühendes Bauernland geblieben. Trotz ihrer verkehrsreichen Lage hat sich die 3000 Einwohner zählende, hübsch über der Mangfall thronende großflächige Gemeinde, die ihren Bürgern neben großen Sportanlagen manch weitere Segnungen an Infrastruktur beschert, ein bisserl die Verträumtheit eines Landdorfes bewahrt.

Das soll sich auch im Jahr 2000 nicht grundsätzlich ändern, wenn Weyarn sich auf der Expo 2000 in Hannover als eines von zwölf Dörfern Deutschlands sich mit dem Projekt »Dorf 2000« präsentiert und damit dem einheimischen Fremdenverkehr neue Impulse gibt. Gerade seinem beispielhaften Charakter einer *dörflichen* Gemeinde hat es diese Auszeichnung zu verdanken. Und als einzige bayerische Gemeinde wurde Weyarn in dem bundesweiten Wettbewerb »Bürgerorientierte Gemeinde« von der Bertelsmann Stiftung ausgezeichnet und in das Netzwerk »Civitas« aufgenommen.

Die Weyarner Klostertradition wurde 1998 wiederbelebt, als der die Deutsche Provinz des Deutsche Orden ihren Sitz in das im Jahre 1803 säkularisierte Stift verlegte. Ein knappes Dutzend Patres des 1193 von Papst Cölestin III. bewilligten Ordens leisten hier wertvolle soziale Arbeit und erfüllen damit wieder den ursprünglichen Sinn des historischen Gebäudes. Überdies und tragen sie dazu bei, dass die Baulichkeiten erhalten werden.

Es sind aber schließlich doch die landschaftlichen Reize, die den Feriengast nach Weyarn locken. Vor allem der Nähe des idyllischen Seehamer Sees, der unter Landschaftsschutz steht, verdankt die stille Gegend ihre Anziehungskraft. Der Blick vom Weyarner Lindl nach Süden ins bewaldete Mangfalltal – wäre da nicht ein Autogeräusch aus der Tiefe, man könnte meinen, in einem Bild von Caspar David Friedrich zu sitzen. Auch dem schwärmenden Kunstwanderer erschließt sich hier manches Schmankerl:

Im Esterndorfer Kircherl mit seinem romanischen Turm hinterließ Erasmus Grasser eine seiner »schönen Madonnen«, die Sonderdilchinger Michaelskirche birgt ein bemaltes Glasmedaillon des 15. Jahrhunderts, während das Neukirchener Gotteshaus durch seinen Stuck, das von Gotzing durch bäuerlichen Spätbarock überzeugt. Schönste von allen aber ist die Wallfahrtskirche von Kleinhöhenkirchen. Wer einmal von Grub durch das schattige Mangfalltal seinen Weg hier heraufgenommen hat, wird ihr stimmungsvolles Platzl nie mehr vergessen: inmitten einer Bilderbuchlandschaft lädt St. Maria zur besinnlichen Rast. Und man weiß nicht, wovon man mehr hingerissen ist: von der Verkündigungsgruppe Ignaz Günthers, der leuchtenden Gesamtkonzeption des Raumes, dem Votivbildzauber oder vom Gnadenbild selbst. Die Geranien der nahen Bauernhäuser finden hier in den roten Prozessionsfahnen, der Himmel des Miesbacher Landes im Deckenfresko des Meisters Höttinger farbliche Ergänzung. Es ist eine Lust zu schauen. Da wird Innen zu Außen und Außen zu Innen: Landschaft des Herzens.

Anhang

Literatur

Die für die Zusammenstellung des Texts nötigen Fakten wurden überwiegend der *Heimatkundlichen Stoffsammlung des Landkreises Miesbach*, Miesbach, Staatliches Schulamt 1982, und – soweit vorhanden und zugänglich – den jeweiligen Chroniken der 17 Gemeinden entnommen. Darüber hinaus wurden als Informationsquellen folgende Publikationen verwendet:

Bachhuber, R. Peter: *Geliebtes Tegernseer Tal*, 3. Auflage, Waakirchen-Schaftlach, Oreos Verlag 1991.

Bachhuber, R. Peter: *Bilder aus Oberbayern*, Waakirchen-Schaftlach, Oreos Verlag 1989.

Bachhuber, R. Peter und Wegmann, Friedl: *Der Schlierseer Winkl*, Waakirchen-Schaftlach, Oreos Verlag 1993.

Beitl, Erich und Richard: *Wörterbuch der deutschen Volkskunde*. Stuttgart, Alfred Kröner Verlag 1974.

Brauneck, Manfred: *Religiöse Volkskunst*. Köln, DuMont Verlag 1978.

Charivari, Sonderheft Landkreis Miesbach, Miesbach, Bergemann & Mayr Verlag, 1979.

Cramer, Peter A.: *Aus der Geschichte des Tegernseer Tales*. Bad Wiessee, im Eigenverlag 1975.

Dehio, Georg & Gall, Ernst: *Handbuch der Deutschen Kunstdenkmäler – Oberbayern*. München-Berlin, Deutscher Kunstverlag, 1964.

Der Landkreis Miesbach. Miesbach, Verlag Bergemann & Mayr, 1983.

Ebert, Franz: *Wallfahrtskapelle Nüchternbrunn*. Eigenverlag, Warngau o.J.

Hubensteiner, Benno: *Bayerische Geschichte*. München, Richard Pflaum Verlag, o.J.

Keill, Peter: *Wege und Gipfel zwischen Bayrischzell und Bad Tölz*. Freilassing, Pannonia Verlag.

Lampl, Sixtus: *Altes Schloss Valley. Orgelmuseum – Wanderungen im Mangfalltal*. Hrsg. vom Orgelmuseum Valley.

Kratzsch, Klaus: *Denkmäler in Bayern, Landkreis Miesbach*. München, Zürich Schnell & Steiner Verlag, 1986.

Landkreis Miesbach, traumhaftes Oberbayern. München, Bayerland Verlag o.J.

Maier, Dr. Gerhard: *Miesbach – Wiege der Trachtenbewegung*. Miesbach, im Eigenverlag, 1986.

Müllner, Ludwig: *Am Schliersee*. München, J. Lindauer'sche Universitätsbuchhandlung, o.J.

Nemec, Helmut: *Alpenländische Bauernkunst*, Wien, Kremayr & Scheriau Verlag, 1966.

Queri, Georg: *Bauernerotik und Bauernfehme*, München, R. Piper Verlag, 1969.

Rattelmüller, Paul Ernst: *Dirndl, Janker, Lederhosen*. München, Gräfe und Unzer Verlag, o.J.

Rattelmüller, Paul Ernst: *Per Post und zu Fuß durch Oberbayern*. München, Gräfe und Unzer Verlag, o.J.

Rosenegger Josef und Bartl, Edith: *Wallfahrten im Bayerischen Oberland*, Freilassing, Pannonia Verlag, 1981.

Roth Eugen: *Damals in Oberbayern*. München, Hirmer Verlag, 1976.

Scheingraber, Wernher, und Bahnmüller, Wilfried: *Leitzachtal und Mangfalltal*. Freilassing, Pannonia Verlag, 1981.

Schmidt, Willibald: *Sagen aus dem Isarwinkel*. Bad Tölz, Verlag Günther Aehling, 1979.

Schnells Kirchen-Kunstführer, München-Zürich, Schnell & Steiner Verlag, o.J.

Sieghardt, August: *Bayerisches Hochland*. Nürnberg, Glock & Lutz Verlag, 1964.

Tegernseer Tal, Halbjahreszeitschrift, Tegernsee, Tegernseer Tal Verlag.

Unbekanntes Bayern, München, Süddeutscher Verlag o.J.

v. Vignau, Ilka: *Tegernsee, Schliersee und Leitzachtal*. München, Prestel Verlag, 1982.

Ortsregister

Die *kursiv* gedruckten Zahlen bezeichnen die Bildseiten, **fett** gedruckte Zahlen verweisen auf die Kapitel, in denen die Gemeinden ausführlich dargestellt werden.